누구나 할 수 있는
제자훈련

## 누구나 할 수 있는 제자훈련 인도자용

| | |
|---|---|
| **1쇄 인쇄** | 2017년 7월 5일 |
| **1쇄 발행** | 2017년 7월 17일 |
| | |
| **지은이** | 배창돈 |
| **펴낸이** | 고종율 |
| | |
| **펴낸곳** | 주) 도서출판 디모데 〈파이디온선교회 출판 사역 기관〉 |
| **등록** | 2005년 6월 16일 제 319-2005-24호 |
| **주소** | 서울특별시 서초구 서초대로 141-25(방배동, 세일빌딩) |
| **전화** | 마케팅실 070) 4018-4141 |
| **팩스** | 마케팅실 031) 902-7795 |
| **홈페이지** | www.timothybook.com |

값 14,000원
ISBN 978-89-388-1616-0 04230
      978-89-388-1615-3 (SET)

ⓒ 주) 도서출판 디모데 2017 〈Printed in Korea〉

누구나 할 수 있는
제자훈련

인도자용

|배창돈|

**차례**

들어가는 글 008
효과적인 제자훈련 운영 방법 010

## 1단원 기본에 충실한 제자

- **1과** 하나님 말씀 1 017
- **2과** 하나님 말씀 2 021
- **3과** 하나님 말씀 3 025
- **4과** 하나님 말씀 묵상하기 029
- **5과** 큐티(경건의 시간) 033
- **6과** 기도의 특권 037
- **7과** 기도하라는 명령 041
- **8과** 응답받는 기도 045
- **9과** 기도할 대상 049
- **10과** 기도할 내용 053
- **11과** 기도에 대한 올바른 태도 057

## 2단원 — 복음을 전하는 제자

- **12과** 하나님 1-하나님은 어떤 분이신가 063
- **13과** 하나님 2-하나님과의 교제 067
- **14과** 하나님 3-하나님의 기대 071
- **15과** 성령 1-성령의 사역 075
- **16과** 성령 2-성령과 삶 079
- **17과** 예수님의 십자가 083
- **18과** 예수님의 부활 087
- **19과** 예수님의 승천과 재림 092
- **20과** 복음을 전해야 할 이유 096
- **21과** 복음 증거의 유익 100
- **22과** 복음 증거자의 자세 104
- **23과** 효과적인 복음 증거 108
- **24과** 복음 전파에 대한 기대 112

## 3단원 — 하나님을 경험하는 제자

- **25과** 순종 1-순종의 자세 119
- **26과** 순종 2-순종의 즐거움 123
- **27과** 순종 3-순종의 결과 127

28과 예배 1-예배자의 자세 132
29과 예배 2-예배와 삶 136
30과 예배 3-예배와 믿음의 사람들 140
31과 예배 4-찬양 144
32과 거룩함 148
33과 주일 152
34과 술 157

## 4단원 주님이 세우신 공동체를 사랑하는 제자

35과 아름다운 이름 1-하나님의 자녀 163
36과 아름다운 이름 2-성도 167
37과 아름다운 이름 3-제자 172
38과 아름다운 이름 4-그리스도의 지체 176
39과 교회 1- 교회와 나 180
40과 교회 2-그리스도의 몸인 교회 185
41과 교회 3-지체들과의 관계 189
42과 교회 4-교회와 직분 193
43과 복된 가정 198
44과 믿음의 가정 203
45과 부모 공경 208
46과 자녀 교육 212
47과 남편의 아내 사랑 216
48과 아내의 남편 사랑 221

## 5단원 섬기는 제자

**49과** 감사하는 생활 1  227
**50과** 감사하는 생활 2  231
**51과** 감사하는 생활 3  235
**52과** 언어생활  239
**53과** 섬김 1-예수님의 섬김  243
**54과** 섬김 2-믿음의 사람들과 섬김  247
**55과** 섬김 3-섬김의 자세  251
**56과** 섬김 4-섬김의 결과  255
**57과** 재물 1  259
**58과** 재물 2  263
**59과** 청지기  267
**60과** 헌금 1-헌금 드리는 자세와 유익  271
**61과** 헌금 2-십일조  276
**62과** 영적 전투와 승리  280

**들어가는 글**

제자가 되는 길은 쉬운 길이 아닙니다. 그럼에도 주님은 우리가 제자가 되길 원하셨습니다. 예수님은 마태복음 10장 38절에서 "또 자기 십자가를 지고 나를 따르지 않는 자도 내게 합당하지 아니하니라"고 말씀하셨습니다. 이는 제자가 될 때 주님의 몸 된 교회를 세울 수 있고 영적 전투에서 승리할 수 있기 때문입니다.

오랜 기간 제자훈련을 하면서 생각한 것은 누구나 제자훈련에 참여할 수 있어야 한다는 것입니다. 그래서 시간의 제약과 나이의 한계, 지식의 정도를 어떻게 극복할 것인가 하는 것이 과제였습니다. 이는 농어촌 목회자나 노년층이 많은 교회 목회자의 한결같은 고민이기도 합니다. 제자훈련은 도시의 지식층이나 특정 계층의 전유물일 수 없습니다. 주님의 뜻도 마찬가지일 것입니다. 주님은 누구나 제자 삼기를 원하시기 때문입니다. 또 하나님의 말씀은 나이나 지식, 지역에 차별 없이 적용되기 때문입니다.

그래서 제자훈련 교재를 다양화하는 것이 필요하다는 생각에 이르게 되어, 이 교재를 집필했습니다. 한 주에 1-2과 정도를 부담 없이 공부할 수 있도록 각 과의 분량을 줄였으며, 총 62과로 구성되어 있습니다. 각 과의 분량은 짧으나 주제에 맞는 내용에 초점을 맞추기 위해 노력했습니다.

  누구나 제자훈련을 할 수 있도록 교재 내용을 쉽게 하고, 독서와 과제물의 분량도 줄였지만, 제자훈련의 열매는 기존 훈련과 큰 차이가 없을 것입니다. 그리스도인으로서 꼭 갖추어야 할 신앙적 덕목에 대해 다루기 때문입니다. 그리고 이 과정은 속성으로 진행할 수 없습니다. 말씀을 배우고 삶에서 실천하는 데 주안점을 두고 있기 때문입니다.

  이 교재를 통해, 제자훈련을 어려워하거나 도전하기를 주저하는 교회에서 제자훈련을 속히 시작하기를 바랍니다. 그래서 각 교회마다 예수님의 제자가 가득해지기를 소원합니다.

## 효과적인 제자훈련 운영 방법

## 제자훈련 시간

- 제자훈련은 각 과당 1시간에서 1시간 30분 정도가 좋으나 성령의 인도하심에 따라 조절할 수 있다.
- 가르쳐야 할 내용을 미리 파악하고 핵심에서 벗어나지 않도록 해야 한다.

## 제자훈련 순서

### 마음의 문 열기
한 주간 누린 은혜나 간단한 안부 등을 나누면서 마음을 열도록 한다.

### 찬양
각 과의 주제와 연관된 찬송이나 찬양을 한다(2곡 정도).

### 시작 기도
합심 기도로 훈련을 시작한다. 기도 제목은 주제에 맞게 제시하고, 성령의 인도하심을 받는다.

**과제 점검**

① **성구 암송** 매주 한 개를 암송하고 5주 단위로 전체를 묶어서 암송하여 말씀을 자신의 것으로 삼는다.

② **큐티 나눔** 과제로 부여하는 큐티는 제시되는 형식에 따라 각자 한 것을 나눈다. 큐티집을 사용해 매일 경건의 시간을 보내도록 독려한다(『날마다 솟는 샘물』, 『매일성경』 등 사용).

③ **독서 과제 발표** 주제에 맞는 책을 선정하여 2주에 한 번 정도 독서 과제를 낸다. 독후감은 내용 요약에 치중하기보다는 적용과 결단의 내용을 구체적으로 쓰게 한다(내용 요약 30퍼센트, 적용 70퍼센트). 훈련생의 상태 등을 고려하여 인도자의 판단에 따라 독서 과제를 내줄지 여부를 결정할 수 있다.

④ **생활 과제 나눔** 공부한 주제와 관련하여 구체적으로 적용할 수 있는 과제로 삶의 변화를 이끌어내고, 순종을 통한 삶의 변화가 있다면 격려하고 칭찬해준다.

⑤ **성경 읽기 점검** 매일 3~5장씩 읽었는지 확인한다.

⑥ **기타 과제 점검** 기타 과제는 점검표로 점검한다.

- 기타 과제 중 새벽 기도는 점차 횟수를 늘려 훈련을 마칠 즈음에는 새벽형 사람이 되도록 한다.
- 과제 점검 시간이 너무 길어지지 않도록 시간 배분에 유의해야 한다(30분 정도).
- 과제 점검 시간을 적절하게 운영하기 위해 큐티나 독후감 발표는 몇 명만 시키고 나머지는 제출하도록 하여 인도자가 읽고 평가하며 격려해준다.

### 말씀 공부

- 성경 본문을 잘 이해할 수 있도록 『쉬운 성경』이나 『현대인의 성경』 등을 참조할 수 있다.
- 성경 공부는 1시간 정도 진행하도록 구성되어 있지만 시간에 지나치게 얽매이는 것은 좋지 않다. 인도자가 상황에 따라 운영하는 지혜가 필요하다.

### 느낀 점과 결단한 점 나누기

인도자가 전체 내용을 간략하게 정리해준다. 훈련생들은 느낀 점, 새롭게 결단한 점을 기록하고 함께 나눈다. 자신이 깨달은 말씀에 대한 각오를 새롭게 하는 시간이 되게 한다.

### 마무리 기도

받은 은혜에 감사하고, 돌이켜야 할 내용에 대해 회개하는 기도를 드린다. 새롭게 깨닫고 결단한 점을 삶을 적용하여 인격과 삶이 예수님을 닮아가도록 성령의 도우심을 구하는 기도를 드린다. 합심해서 기도해도 좋고, 때로는 모든 훈련생이 돌아가면서 1분 정도씩 기도해도 좋다. 마무리 기도는 훈련생 가운데 한 명을 지명하여 하거나 인도자가 한다.

### 과제 내주기

- 기본적인 과제물 외에 생활 과제나 독서 과제를 내준다. 상황에 따라 각 훈련생에게 적합한 특별 과제를 내줄 수도 있다.

- 독서 과제는 훈련을 처음 시작하는 사람에게 부담이 되지 않도록 소책자로 시작하고 매주 내주지 않아도 된다. 처음에는 읽기 쉬운 책을 선정하고 차츰 수준을 높이는 것이 좋다.

## 제자훈련 장소

제자훈련 장소는 각 교회와 훈련생의 상황에 따라 정한다. 훈련생들의 가정을 돌아가면서 하거나 교회에서 할 수 있다.

## 인도자의 자세 및 자기 점검

다음은 인도자 스스로 점검해야 할 내용이다.
- 경건 생활(큐티, 기도 생활)을 잘하고 있는가?(인도자는 훈련생의 모델임을 기억하라.)
- 교재 예습을 잘하고 있는가?(제자훈련을 위한 예습, 특히 본문에 대한 충분한 숙지)
- 인도자 자신이 먼저 은혜받을 마음의 준비를 하고 있는가?
- 훈련생 개개인을 위해 세밀하게 기도하고 있는가?
- 훈련 시간에 성령님의 인도를 간절히 구하며 인도하고 있는가?
- 하나님의 말씀에 담긴 능력을 믿는가?
- 사람을 변화시키는 분은 인도자가 아니고 하나님이심을 믿는가?

**1**단원

기본에
충실한
제자

# 하나님 말씀 1

## 도입

영적 전쟁에서 공격과 방어를 위한 무기는 '성령의 검'인 하나님 말씀이다. 하나님의 말씀, 성경은 하나님이 말씀하신 것을 1,500년 동안 40여 명의 사람이 기록한 것이다. 하나님은 오늘도 성경을 통해 우리에게 말씀하신다. 성경으로 우리 삶을 이끌어주시고, 우리를 치료해주시며 회복시키신다.

## 적용

**1** 베드로후서 1장 20-21절에서 하나님은 그분의 말씀인 성경을 어떻게 우리에게 주셨다고 말하는가?

> "[20]먼저 알 것은 성경의 모든 예언은 사사로이 풀 것이 아니니 [21]예언은 언제든지 사람의 뜻으로 낸 것이 아니요 오직 성령의 감동하심을 받은 사람들이 하나님께 받아 말한 것임이라."

- "감동하심을 받은"이라고 쓰인 헬라어는 '운반되는'이라는 뜻으로, 성령 하나님이 성경을 기록하셨음을 나타낸다.
- 성경은 사람의 말이 아니라 하나님의 말씀임을 알려주고 있다.
- 성경을 볼 때 성령 하나님이 깨닫게 해주시도록 기도해야 한다.

▶ 성경을 볼 때 어떤 자세로 읽는가?

## 2. 하나님 말씀을 어떻게 표현하고 있는가?

**1** 본문에 나오는 제자훈련의 두 가지 목적과 그 유익을 말해보라.

**1. 마태복음 24:35**

"천지는 없어질지언정 내 말은 없어지지 아니하리라."

– 영원하신 하나님이 주신 하나님 말씀은 없어지지 않는다(영원한 말씀).

▶ 성경이 하나님 말씀임을 믿는가? 언제부터 확신을 가지고 믿기 시작했는가?

**2. 요한복음 17:17**

"그들을 진리로 거룩하게 하옵소서 아버지의 말씀은 진리니이다."

– 하나님 말씀은 진리로, 우리가 하나님 말씀과 함께한다면 거룩함을 추구할 수 있다.
– 하나님은 우리가 거룩하기를 원하시고 거룩한 자를 사용하신다.

▶ 하나님 말씀으로 죄악을 이긴 사례를 말해보라.

## 3. 예레미야 15장 16절에서 알 수 있는 하나님 말씀을 대하는 자세와 그 유익은 무엇인가?

"만군의 하나님 여호와시여 나는 주의 이름으로 일컬음을 받는 자라 내가 주의 말씀을 얻어먹었사오니 주의 말씀은 내게 기쁨과 내 마음의 즐거움이오나."

### 1 자세
- 하나님의 말씀을 얻어먹어야 한다.
- 하나님 말씀을 얻어먹는다는 것은 실제로 행한다는 의미다.

### 2 유익
- 하나님의 말씀은 우리 마음에 기쁨과 즐거움을 준다.

### 3 하나님 말씀을 행하여 기쁨과 즐거움을 얻은 구체적인 예를 말해보라.

---

## 4 창세기 12장 2-4절에서 믿음의 조상 아브라함이 하나님 말씀을 어떻게 대했는지 살펴보자.

### 1 2-3절에서 하나님은 아브라함에게 무슨 명령을 하셨는가?

"²내가 너로 큰 민족을 이루고 네게 복을 주어 네 이름을 창대하게 하리니 너는 복이 될지라 ³너를 축복하는 자에게는 내가 복을 내리고 너를 저주하는 자에게는 내가 저주하리니 땅의 모든 족속이 너로 말미암아 복을 얻을 것이라 하신지라."

- 아브라함을 통해 큰 나라를 만들어주시고, 그에게 복을 주어 빛나게 하심으로 아브라함은 다른 사람들에게 복이 될 것이다.
- 하나님은 아브라함에게 복을 주는 사람에게 복을 주시고, 저주하는 사람에게 저주를 내리셔서 땅의 모든 족속이 아브라함을 통해 복을 받게 하셨다.

### 2 4절에서 아브라함은 말씀을 듣고 어떻게 행했는가?

"이에 아브람이 여호와의 말씀을 따라갔고 롯도 그와 함께 갔으며 아브람이 하란을 떠날 때에 칠십오 세였더라."

- 여호와의 말씀을 따라갔다.
- 아브라함은 하나님 말씀대로 순종하며 인생의 순례를 시작했다.
- 아브라함은 하나님의 말씀에 자신의 생애를 맡긴 것이다.

> 진정한 신앙은 머릿속에만 맴도는 환상이 아니라 하나님 말씀에 의지하여 발걸음을 내딛는 행동이다. 신앙에 생명력이 있는 이유는 행위가 수반돼 있기 때문이다.
>
> 마르틴 루터 종교 개혁가

**3** 아브라함의 신앙에서 배울 점을 말해보라.

**5** 오늘 말씀에서 느낀 점과 결단한 점을 말하고 합심해서 기도하자.

### 삶에서 말씀 녹여내기

- **성구 암송** 마태복음 24:35
  "천지는 없어질지언정 내 말은 없어지지 아니하리라."
- **독서 과제**
- **생활 과제** 하나님 말씀에 불순종하고 있는 것 한 가지를 찾아 그 말씀에 순종하고 결과 써 오기
- **성경 읽기** 구약과 신약을 병행하여 매일 3-5장을 읽도록 과제를 내준다.

성경은 하나님의 말씀이다. 성경을 하나님 말씀으로 믿지 않는다면 하나님을 믿지 않는 것이다. 하나님 말씀을 믿고 행할 때 기쁨과 즐거움을 얻고, 죄를 이기는 거룩한 삶을 살 수 있다. 하나님 말씀을 믿고 말씀대로 행하는 사람이 참으로 복된 자다.

# 하나님 말씀 2

## 도입

하나님의 말씀은 깊이와 폭이 무한하여, 말씀으로 하나님의 지혜와 능력과 그분의 증거를 발견할 수 있을 뿐 아니라 삶의 목적 또한 발견할 수 있다. 이 시간 하나님 말씀의 다양한 특징과 유익에 대해 살펴보자.

## 적용

**1** 시편 19편 7-8절을 읽고, 다음 질문에 답해보라.

"⁷여호와의 율법은 완전하여 영혼을 소성시키며 여호와의 증거는 확실하여 우둔한 자를 지혜롭게 하며 ⁸여호와의 교훈은 정직하여 마음을 기쁘게 하고 여호와의 계명은 순결하여 눈을 밝게 하시도다."

**1** 하나님 말씀의 특징에 대해 말해보라.

- 완전하다: 흠이 전혀 없는 것을 의미한다.
- 확실하다: 의심할 바 없는 하나님의 신실하심으로 인도해주시는 말씀이다.
- 정직하다: 세상의 거짓된 교훈과 달리 마땅히 가야 할 길로 바르게 인도한다.
- 순결하다: 말씀에 그릇되거나 거짓된 것이 전혀 없다는 뜻이다.

**2** 하나님 말씀에서 얻는 유익을 나열해보라.

- 영혼을 소성시킨다: 하나님 말씀이 영혼을 구원한다.
- 우둔한 자를 지혜롭게 한다: 나아갈 바를 깨닫고 행하는 지혜로운 자가 되게 한다. 이는 하나님 말씀을 가까이하는 자는 지혜로운 자가 된다는 뜻이다.
- 마음을 기쁘게 한다: 하나님 말씀이 인생에 참 만족을 준다는 뜻으로 말씀대로 사는 자는 하나님이 주시는 진정한 기쁨을 소유하게 된다.
- 눈을 밝게 한다: 옳고 그름을 분명하게 분별하게 됨을 말한다(선악을 분별하게 된다).

## 2 시편 19편 10-11절을 보고 다음 질문에 답하고, 느낀 점을 말해보라.

"¹⁰금 곧 많은 순금보다 더 사모할 것이며 꿀과 송이꿀보다 더 달도다 ¹¹또 주의 종이 이것으로 경고를 받고 이것을 지킴으로 상이 크니이다."

**1** 성경을 대하는 우리의 자세

- 성경을 순금보다 더 사모해야 한다.
- 경고를 받고 지킬 때 옳고 그름의 교훈을 받게 되어 반듯한 삶을 살게 된다.
- 금은 세상에서 가장 가치 있는 것으로 순금은 불순물이 전혀 없다.
- 하나님 말씀은 인생에 가장 가치 있는 것으로, 간절하게 원해야 한다.

**2** 성경의 특성

- 송이꿀보다 더 달다: 송이꿀이 즐거움을 주듯이 세상에서 가장 큰 기쁨을 하나님 말씀을 통해 얻게 된다.

**3** 성경을 통해 누리는 복

- 상이 크다: 이 땅의 어떤 상과도 비교되지 않는 상이다. 하나님 말씀을 지킬 때 구원뿐 아니라 상까지 얻게 된다.

> 나는 아홉 살 때 1달러 50센터를 주고 성경을 구입했는데, 이것이 나에게 가장 귀중한 것이다. 성경 덕분에 나는 하나님과 예수 그리스도를 믿었고, 지금까지 큰 어려움 없이 지내고 있다.
>
> 워너 메이크 _미국의 백화점 왕, 체신부 장관_

**4** 느끼고 결단한 점을 나누어보라.

---

**3** 하나님 말씀이 무엇에 비교되는지 다음 성경구절을 보고 느낀 점을 말해보라.

**1** 예레미야 23:29

"여호와의 말씀이니라 내 말이 불 같지 아니하냐 바위를 쳐서 부스러뜨리는 방망이 같지 아니하냐."

- 하나님 말씀을 모든 것을 태우는 불, 반석까지 쳐서 부서뜨리는 방망이로 표현한 것은 말씀에 심판의 능력이 있음을 의미한다.

**2** 마태복음 4:4

"예수께서 대답하여 이르시되 기록되었으되 사람이 떡으로만 살 것이 아니요 하나님의 입으로부터 나오는 모든 말씀으로 살 것이라 하였느니라 하시니."

- 떡이 사람의 생명을 유지시키지만 알고 보면 생명의 근원인 하나님 말씀이 사람을 지켜주는 것이다. 특히 사단이 우리 삶을 파괴하려 할 때, 말씀이 우리를 지켜준다.

---

**4** 오늘 말씀에서 느낀 점과 결단한 점을 말하고 합심해서 기도하자.

삶 에 서 말 씀 녹 여 내 기

- ∞ **성구 암송**  시편 19:10
  "금 곧 많은 순금보다 더 사모할 것이며 꿀과 송이꿀보다 더 달도다."
- ∞ **독서 과제**  『하나님의 말씀은』(하진승, 네비게이토)
- ∞ **생활 과제**  한 주간 하나님 말씀대로 행하면서 깨달은 것과 받은 은혜 적어 오기
- ∞ **성경 읽기**

하나님의 말씀은 영혼을 구원하고, 지혜로운 자가 되게 하며, 선악을 분별하게 한다. 하나님의 말씀은 사람을 변화시키는 능력이 있다. 말씀대로 사는 자는 하나님이 주시는 진정한 기쁨과 만족을 얻는다. 그렇기에 하나님의 말씀을 그 어떤 보화보다 사모해야 한다. 하나님의 말씀대로 살면 이 땅의 어떤 상과 비교되지 않는 상을 얻게 된다.

# 하나님 말씀 3

**3과**

## 도입

성경이 하나님 말씀이라고 말하는 것은, 성경이 하나님으로부터 온 말씀이라는 것을 진정으로 믿는 것이다. 하나님 말씀에는 권위가 있기에 말씀을 대하는 자세와 행동이 달라질 수밖에 없다. 이 시간 하나님 말씀의 권위를 인정하는 사람은 어떻게 변하는지 살펴보자.

## 적용

**1** 일상에서 하나님 말씀을 어떤 자세로 대하고 어떻게 행동해야 할지 시편 119편 9-16절을 읽고 다음 질문에 답해보라.

"⁹청년이 무엇으로 그의 행실을 깨끗하게 하리이까 주의 말씀만 지킬 따름이니이다 ¹⁰내가 전심으로 주를 찾았사오니 주의 계명에서 떠나지 말게 하소서 ¹¹내가 주께 범죄하지 아니하려 하여 주의 말씀을 내 마음에 두었나이다 ¹²찬송을 받으실 주 여호와여 주의 율례들을 내게 가르치소서 ¹³주의 입의 모든 규례들을 나의 입술로 선포하였으며 ¹⁴내가 모든 재물을 즐거워함같이 주의 증거들의 도를 즐거워하였나이다 ¹⁵내가 주의 법도들을 작은 소리로 읊조리며 주의 길들에 주의하며 ¹⁶주의 율례들을 즐거워하며 주의 말씀을 잊지 아니하리이다."

**1** 9절에서 행실을 깨끗하게 하기 위해 어떻게 하라고 나오는가?

- 말씀만 지키면 된다.
- 청년의 때는 죄의 유혹을 가장 많이 받을 때이기에 더욱 말씀대로 살도록 노력한다.

**2** 10절에서는 말씀에 대한 자세와 행동을 어떻게 하라고 하는가?

- 전심으로 주를 찾아야 하며, 이는 하나님의 축복을 누리기 원하는 사람이 취해야 할 자세다.
- "떠나지 말게 하소서"는 '나로 방황하지 말게 하소서'라는 뜻으로 하나님 말씀에 순종하지 않을 때 삶의 영역이 흔들리기 시작하고 방황하게 됨을 말한다.

**3** 11절에서 범죄하지 않기 위해 어떻게 하라고 하는가?

- 주의 말씀을 마음에 두면 된다. 하나님의 말씀이 가장 가치 있음을 알고 마음에 보물처럼 쌓아두라는 뜻이다.

**4** 14절에서 하나님 말씀을 얼마나 즐거워해야 한다고 하는가?

- 모든 재물을 즐거워하는 그 이상으로 즐거워해야 한다.

**5** 15-16절에서 하나님 말씀을 항상 기억하는 삶을 살기 위해 어떻게 하라고 하는가?

- "작은 소리로 읊조리며." 즉 말씀을 잊지 않도록 노력해야 한다.

▶ 하나님 말씀을 잊지 않기 위해 의지적으로 노력하고 있는 부분이 있는가?

- 지속적인 묵상과 성경 읽기 등 매일 큐티의 생활화

**2** 야고보서 1장 22절을 읽고, 말씀을 반드시 행해야 할 이유를 말해보라.

"너희는 말씀을 행하는 자가 되고 듣기만 하여 자신을 속이는 자가 되지 말라."

- 말씀을 듣기만 하고 행하지 않는 것은 자신을 속이는 것이기 때문이다.

**3 요한계시록 1장 3절을 읽고, 말씀을 지켜야 할 이유를 말해보라.**

"이 예언의 말씀을 읽는 자와 듣는 자와 그 가운데에 기록한 것을 지키는 자는 복이 있나니 때가 가까움이라."

– 복이 있고 때가 가깝기 때문이다.

**4 골로새서 3장 16절을 읽고, 다음 질문에 답해보라.**

"그리스도의 말씀이 너희 속에 풍성히 거하여 모든 지혜로 피차 가르치며 권면하고 시와 찬송과 신령한 노래를 부르며 감사하는 마음으로 하나님을 찬양하고."

**❶ 말씀이 풍성히 거할 때 어떤 유익이 있는가?**

– 지혜자가 되어 서로 유익을 준다.
– 시와 찬미와 신령한 노래를 부른다(감사하고 찬양하는 생활로 바뀐다).

**❷ 말씀이 풍성하게 거하게 하기 위해서는 어떤 노력을 해야 할까?**

– 매일 큐티 하기, 설교 요약하고 적용하기, 성구 암송하기, 성경 쓰기

> 인류 역사에서 성경만큼 인류의 행복을 향상시킨 것은 없다.
> **프랜시스 베이컨** 영국의 철학자, 정치가

**5 오늘 말씀에서 느낀 점과 결단한 점을 말하고 합심해서 기도하자.**

삶에서 말씀 녹여내기

- ∞ 성구 암송  요한계시록 1:3
  "이 예언의 말씀을 읽는 자와 듣는 자와 그 가운데에 기록한 것을 지키는 자는 복이 있나니 때가 가까움이라."
- ∞ 독서 과제  『제자훈련, 실패는 없다』(배창돈, 디모데)에서 '1장 제자훈련이란 무엇인가'
- ∞ 생활 과제  한 주간 말씀으로 죄의 유혹을 이긴 사례 적어 오기
- ∞ 성경 읽기

---

하나님의 말씀인 성경의 권위를 인정하는 사람은 말씀을 대하는 태도가 다를 수밖에 없다. 그는 죄의 유혹을 이기기 위해 하나님의 말씀을 붙잡는다. 하나님의 말씀을 사랑해서 마음에 간직하고 묵상하며, 그것을 행하기 위해 노력한다. 하나님 말씀에 순종하지 않을 때 삶의 전 영역이 흔들린다. 하나님 말씀을 듣기만 하고 행하지 않으므로 자신을 속이는 어리석은 자가 되지 말아야 한다.

# 하나님 말씀 묵상하기

## 도입

묵상이란 온 마음을 집중하여 사색하는 것을 말한다. 묵상을 하면 하나님의 뜻을 깨닫고 그것을 실천에 옮기게 된다. 그래서 꾸준히 묵상하는 것은 아주 중요하다. 묵상하는 사람은 하나님의 인도하심을 받고, 번영하며 평안을 누릴 수 있다. 이 시간 말씀 묵상이 주는 유익을 살펴보자.

## 적용

**1** 여호수아 1장 8절을 읽고, 다음 질문에 답해보라.

"이 율법책을 네 입에서 떠나지 말게 하며 주야로 그것을 묵상하여 그 안에 기록된 대로 다 지켜 행하라 그리하면 네 길이 평탄하게 될 것이며 네가 형통하리라."

**① 어떻게 묵상하라고 권하는가?**

- 주야로 묵상할 것을 권하고 있다.

**② 묵상을 하면 어떤 유익을 얻게 되는가?**

- 가는 길이 평탄하고 형통하게 된다.

**3** 깨달은 점이 있으면 말해보라.

- 말씀에 대한 지금의 자세가 미래를 결정한다.

▶ 시급하게 지켜야 할 것이 무엇인지 말해보라.

## 2  시편 119편 99절을 읽고, 묵상에서 어떤 유익을 얻을 수 있는지 말해보라.

"내가 주의 증거들을 늘 읊조리므로 나의 명철함이 나의 모든 스승보다 나으며."

- 모든 스승보다 명철하게 된다.
- "늘 읊조린다"는 것은 말씀을 항상 묵상한다는 뜻이다.

## 3  시편 1편을 읽고, 복 있는 사람은 어떤 사람인지 살펴보라.

"¹복 있는 사람은 악인들의 꾀를 따르지 아니하며 죄인들의 길에 서지 아니하며 오만한 자들의 자리에 앉지 아니하고 ²오직 여호와의 율법을 즐거워하여 그의 율법을 주야로 묵상하는도다 ³그는 시냇가에 심은 나무가 철을 따라 열매를 맺으며 그 잎사귀가 마르지 아니함 같으니 그가 하는 모든 일이 다 형통하리로다 ⁴악인들은 그렇지 아니함이여 오직 바람에 나는 겨와 같도다 ⁵그러므로 악인들은 심판을 견디지 못하며 죄인들이 의인들의 모임에 들지 못하리로다 ⁶무릇 의인들의 길은 여호와께서 인정하시나 악인들의 길은 망하리로다."

**1** 1-2절

- 악인의 꾀를 쫓지 않고, 죄인의 길에 서지 않으며, 오만한 자리에 앉지 않는다.
- 묵상은 세상의 유혹에 넘어가지 않고 바른 길로 가게 해준다.
- 오만한 자는 하나님을 모독하는 사람이다. 그가 앉는 자리는 가장 악명 높은 죄의 자리를 말한다.

## 2 3절

- 복 있는 사람은 시절을 쫓아 과일을 맺고, 모든 일이 다 형통하다.
- 시절을 쫓아 과실을 맺는다는 것은 하나님이 풍성한 수확을 보장해주신다는 의미다.
- 모든 일이 다 형통하다는 것은 하나님의 도우심과 후원으로 삶이 안정적이라는 뜻이다.

## 3 6절

- 묵상하는 사람은 의인에 길에 서게 되어, 하나님의 인정을 받는다.
- 하나님께 인정받는 것은 가장 큰 축복이다.

> 성경을 읽는 것은 가장 위대한 일이다. 성경의 마음을 완전히 다 아는 것은 불가능하기 때문이다. 성경은 바닥이 없는 우물과 같다.   **크리소스토무스** 초대교회 교부

**4** 오늘 말씀에서 느낀 점과 결단한 점을 말하고 합심해서 기도하자.

삶에서 말씀 녹여내기

- ∞ 성구 암송 　**시편 119:99**
  "내가 주의 증거들을 늘 읊조리므로 나의 명철함이 나의 모든 스승보다 나으며."
- ∞ 독서 과제 　『말씀 중심의 삶』(하진승, 네비게이토)
- ∞ 생활 과제 　매일 큐티할 묵상집을 준비하라(『매일성경』, 『날마다 솟는 샘물』 등), 큐티 노트도 준비
- ∞ 성경 읽기

---

말씀 묵상에 힘쓰는 자는 지혜로운 사람이다. 악인의 길을 쫓지 않고, 죄인의 길에 서지 않으며 항상 자신의 위치를 지킨다. 유혹이 많은 세상에서 말씀 묵상을 생활화하면 유혹에 넘어가지 않고 바른 길을 가게 된다. 그 결과 하나님의 인정을 받아 형통한 삶을 살고, 열매 맺는 복된 자가 될 수 있다.

# 큐티
## (경건의 시간)

## 도입

예수님은 이 땅에서 가장 바쁜 시간을 보내셨지만, 사역 전에 기도로 하나님과 교제하며 하루를 시작하셨고, 또 사람들에게 필요한 말씀을 주셨다. 어떤 경우에는 구약의 말씀을 인용해서 말씀하기도 하셨다. 하나님의 말씀은 그 자체가 능력이기에 말씀을 삶 속에 적용하면 어떤 문제도 해결할 수 있다. 또 어떤 어려움도 이길 수 있는 힘과 하나님의 뜻대로 행할 분별력을 얻게 된다. 매일 하나님과 나누는 교제를 통해 풍성한 열매를 맺고, 칭찬받는 믿음의 사람이 되자.

## 적용

**1** 다음 성경구절의 배경과 교훈에 대해 말해보라.

**1 사무엘상 15:1**

"사무엘이 사울에게 이르되 여호와께서 나를 보내어 왕에게 기름을 부어 그의 백성 이스라엘 위에 왕으로 삼으셨은즉 이제 왕은 여호와의 말씀을 들으소서."

- 사울을 왕으로 세운 이후에 사무엘이 왕으로서 해야 할 것에 대한 첫 번째 권면을 하고 있다.

▶ "여호와의 말씀을 들으소서"라고 한 이유가 무엇일까?

- 하나님 말씀을 들을 때 좋은 왕이 될 수 있음을 말씀하신 것이다.

### 2 요한복음 10:27

"내 양은 내 음성을 들으며 나는 그들을 알며 그들은 나를 따르느니라."

- 예수 믿은 성도(양)가 해야 할 가장 중요한 것에 대한 말씀이다.
- 양은 주님의 음성을 들어야 한다.

▶ 양은 목자의 음성을 어떻게 들을 수 있는가?

- 모든 주의를 집중해야 한다.

▶ 목자의 음성을 언제 들어야 하는가?

- 항상 들어야 한다.
- 목자의 음성은 양을 보호하고 생명을 지켜주기 때문이다.

## 2 시편 119편 105절의 교훈을 말해보라.

"주의 말씀은 내 발에 등이요 내 길에 빛이니이다."

- 주의 말씀을 듣고 행할 때 하나님은 가장 좋은 길로 인도해주신다.

▶ 말씀대로 행하여 하나님이 가장 좋은 길로 인도해주신 경험이 있으면 말해보라.

> 위인들은 성경을 한시도 놓지 못할 하나님 말씀으로 신뢰하며 인생의 인도자로 삼았다.
> 빌리 그레이엄 전도자

**3** 로마서 11장 33-34절에서 사람이 하나님의 뜻을 따르는 것에 대해 살펴보자.

"*³³깊도다 하나님의 지혜와 지식의 풍성함이여, 그의 판단은 헤아리지 못할 것이며 그의 길은 찾지 못할 것이로다 ³⁴누가 주의 마음을 알았느냐 누가 그의 모사가 되었느냐.*"

**1** 본문을 자신의 말로 쉽게 표현해보라.

"하나님의 판단과 지혜와 지식의 풍성함은 헤아릴 수 없고 하나님의 길은 아무도 알 수가 없다. 사람이 주의 마음을 헤아린다는 것은 불가능한 일이다."

**2** 하나님 말씀에 불순종하는 이유가 무엇인가?

– 자신의 생각이 하나님의 생각보다 낫다고 생각하기 때문이다.

**3** 하나님의 뜻 앞에 어떤 자세를 취해야 할까?

– 불합리하게 보여도 하나님 뜻에 순종한다. 하나님의 완벽한 인도하심을 받을 수 있기 때문이다.
– 아무리 좋고 합리적인 생각도 하나님의 뜻과는 비교할 수 없다.

**4** 큐티는 내용 정리, 느낀 점, 결단과 적용, 기도 순으로 한다. 아래 내용을 통해 큐티 하는 법을 배우도록 하자.

**1** 내용 정리: 내용을 쉬운 말로 기록한다.

**2** 느낀 점: 본문이 주는 교훈 중에서 느낀 점을 찾아 기록한다.

**3** 결단과 적용: 느낀 점을 통해 깨달은 자신의 문제를 말씀 앞에 행하도록 구체적으로 결단한다.

**4** 기도: 결단한 것을 지킬 수 있도록 간절하게 성령님의 도우심을 구한다. 기도문을 적는 것이 구체적으로 행하는 데 도움이 된다.

**5** 다음 주까지 신명기 6장 5-7절로 큐티를 해보자.

> 링컨은 성경의 사람이라 부를 만하다. 성경에서 배운 진리를 자기의 삶에 적용하여 영광스러운 일생을 살았다. ─ 시어도어 루스벨트 미국의 26대 대통령

**6** 오늘 말씀에서 느낀 점과 결단한 점을 말하고 합심해서 기도하자.

### 삶 에 서 말 씀 녹 여 내 기

- **성구 암송**　요한복음 10:27
  "내 양은 내 음성을 들으며 나는 그들을 알며 그들은 나를 따르느니라."
- **큐티**　신명기 6:5-7
- **독서 과제**　『큐티하는 삶이 아름답다』(배창돈, 말씀과 만남)
- **생활 과제**　큐티한 내용을 다음 주에 발표하기
- **성경 읽기**

성도에게 가장 중요한 것은 목자이신 주님의 음성을 듣는 것이다. 양은 목자의 음성을 집중해서 듣고 항상 듣는 것처럼 들어야 한다. 목자의 음성이 양을 보호하고 양의 생명을 지켜주기 때문이다. 사람의 지혜는 하나님의 지혜의 풍성함과 비교할 수 없다. 하나님의 음성을 듣는 경건의 시간을 매일 규칙적으로 보내는 것은 완벽하신 하나님의 인도하심을 받는 길이다.

# 기도의 특권

**6 과**

## 도입

예수님을 믿는 순간 우리에게 주어지는 특권이 바로 기도다. 하나님과 자유롭게 교제할 기회를 얻는 것이다. 기도의 특권을 잘 사용하는 사람이 곧 지혜로운 사람이다. 기도가 얼마나 큰 특권인지 함께 공부하며 은혜를 나누도록 하자.

## 적용

**1** 히브리서 10장 19절을 읽고, 다음 질문에 답해보라.

"그러므로 형제들아 우리가 예수의 피를 힘입어 성소에 들어갈 담력을 얻었나니."

**1** 예수님의 피를 힘입어 성소에 들어갈 담력을 얻었다는 것은 무엇을 의미하는가?
- 예수님의 피로 인해 성소에 들어갈 담력을 얻었다.
- '들어가다'라는 의미로 쓰인 헬라어 '파르레시아'는 입장할 수 있는 권한이 생긴 것을 말한다. 성도들이 하나님께 자유롭게 나아갈 수 있게 되었음을 의미한다.
- 예수님이 십자가에 달리심으로 성도들에게 하나님과 교제할 수 있는 길이 열렸다.

- 대제사장만이 1년에 한 번 대속죄일에만 백성의 죄를 위해 희생 제사를 드리기 위해 지성소에 들어갈 수 있었으나 예수님의 죽으심으로 성소의 휘장이 제거되고 우리도 하나님 앞에 나아갈 수 있게 되었다.

**2** 예수님은 우리에게 기도라는 특권을 주기 위해 엄청난 대가를 치르셨다. 이에 대해 느낀 점을 말해보라.

- 사람에게 하나님 앞에 나아갈 특권을 주기 위해 예수님 자신을 제물로 바치신 거라면, 기도는 곧 우리에게 최고의 가치요 축복이라고 할 수 있다.

▶ 기도의 가치를 너무 과소평가하고 있지는 않은가?

**3** 기도의 특권을 누리는 사람이 되기 위해 결단해야 할 점은 무엇인가?

▶ 기도하는 데 방해가 되는 부분이 있다면 솔직하게 말해보자.

## 2  히브리서 4장 16절에서 얻을 수 있는 교훈을 살펴보자.

"그러므로 우리는 긍휼하심을 받고 때를 따라 돕는 은혜를 얻기 위하여 은혜의 보좌 앞에 담대히 나아갈 것이니라."

**1** "때를 따라 돕는 은혜를 얻기 위하여"라는 말은 무슨 뜻인가?

- 하나님은 그분의 긍휼하심을 구하는 자에게 적절한 은혜를 베풀어주신다. 여기서 적절한 은혜란 하나님 보시기에 가장 합당한 때에 주시는 좋은 것을 말한다.

**2** "은혜의 보좌 앞에 담대히 나아갈 것"이라는 말씀은 무슨 의미인가?

- 은혜의 보좌는 곧 사랑받을 자격이 없는 자를 하나님이 한없는 사랑으로 돌보시는 은혜의 자리다.
- 하나님이 문을 활짝 열어놓고 우리를 기다리고 계심을 알 수 있다.

**3** 느낀 점과 결단한 점을 말해보라.

- 기도를 통해 주시는 은혜는 항상 좋은 것임을 확신해야 한다.
- 하나님이 사랑으로 돌보심을 알고 적극적인 자세로 기도해야 한다.
- 기도하는 것을 좋아하는 자가 되어야 한다.

## 3 하나님이 우리에게 요구하시는 기도는 어떤 기도인가?

**1** 역대상 16:11

"여호와와 그의 능력을 구할지어다 항상 그의 얼굴을 찾을지어다."

- 하나님의 능력으로만 살 수 있음을 기억하고 항상 구하는 삶을 살아야 한다.

**2** 시편 62:8

"백성들아 시시로 그를 의지하고 그의 앞에 마음을 토하라 하나님은 우리의 피난처시로다."

- 하나님만이 우리이 피난치이자 보호사이시기에 우리는 항상 그분을 향해 기도해야 한다.
- 어려울 때만 기도할 것이 아니라 삶의 주관자이신 하나님께 항상 구해야 한다.
- 모든 문제를 하나님께 내놓는 자가 진정으로 하나님을 의지하고 신뢰하는 자다.

> 매일 기도로 하나님의 보좌에 나아가는 비밀을 아는 자는 복을 받는다. 매일 아침 그날의 일을 시작하기 전에 먼저 15분간 하나님과 함께 있으면 세상을 바꾸고 산이라도 움직일 수 있을 것이다.
> 　　　　　　　　　　　　　　　　　　　　　　빌리 그레이엄 목사, 복음 전도자, 설교자

**4** 오늘 말씀에서 느낀 점과 결단한 점을 말하고 합심해서 기도하자.

삶 에 서 말 씀 녹 여 내 기

∞ 성구 암송    히브리서 10:19
            "그러므로 형제들아 우리가 예수의 피를 힘입어 성소에 들어갈 담력을 얻었나니."
∞ 큐티        시편 73:25-28
∞ 독서 과제    『기도의 하루를 보내는 방법』(론 쎄니, 네비게이토 역간)
∞ 생활 과제    지금까지 기도 응답 받은 것 다섯 가지 적어 오기
∞ 성경 읽기

예수님이 십자가에 달리심으로 우리에게 하나님과 교제할 수 있는 길이 열렸다. 하나님이 우리에게 기도의 특권을 주시기 위해 치르신 대가는 엄청나다. 독생자 예수님을 제물로 주셨기 때문이다. 기도는 우리에게 주신 최고의 가치요 축복이라고 할 수 있다. 기도의 가치를 기억하고 항상 좋은 것을 준비하고 문을 활짝 열어놓고 계시는 하나님의 은혜의 보좌 앞으로 달려가자.

# 기도하라는 명령

## 도입

기도를 선택 사항이나 권고 사항 정도로 생각해서는 안 된다. 하나님은 기도하라고 강하게 명령하신다. 이것은 기도가 얼마나 중요한가를 말씀하신 것이다. "큰 소원을 품고 한 왕에게 나아갑니다. 그 왕의 은혜와 능력은 무한하시므로 아무리 많이 구하고 구해도 너무 많이 구한다고 할 수 없습니다"라고 말한 존 뉴턴<sup>John Newton</sup>의 말을 기억하며, 주님이 명령하신 기도에 대해 공부해보자.

## 적용

**1** **예레미야 33장 3절을 읽고, 다음 질문에 답해보라.**

"너는 내게 부르짖으라 내가 네게 응답하겠고 네가 알지 못하는 크고 은밀한 일을 네게 보이리라."

**❶ "크고 은밀한 일"이란 무엇을 말하는가?**

— 하나님이 계획하신 것으로, '감추어진 일'을 말한다. 간절하게 기도할 때 하나님은 그것을 보여주겠다고 말씀하셨다.

- 이 말씀을 두고 신학자들은 두 가지 가설을 주장했다. 즉 이 말씀이 유다 백성들이 70년 후에 일어날 바벨론 포로 귀환과 예수 그리스도를 보내주실 것(예수님의 초림)을 예표한다는 것이다.
- 간절한 기도를 통해 이스라엘 백성들이 기다리는 소원에 대한 확신을 주시겠다는 것이다.
- 기도하는 사람의 미래를 보장해주시겠다는 하나님의 뜻을 알 수 있다.
- 우리가 전혀 생각하지 못한 일을 이루시는 하나님이시다.

**2** 기도하라고 강하게 명령하시는 이 말씀에서 느낀 점과 결단한 점이 있으면 나누어보자.

- 부르짖고 기도할 때 하나님은 응답하신다.
- 기도하는 사람에게 사랑을 베푸시고 은혜를 더해주신다.

## 2 빌립보서 4장 6-7절을 읽고, 다음 질문에 답해보라.

"⁶아무것도 염려하지 말고 다만 모든 일에 기도와 간구로, 너희 구할 것을 감사함으로 하나님께 아뢰라 ⁷그리하면 모든 지각에 뛰어난 하나님의 평강이 그리스도 예수 안에서 너희 마음과 생각을 지키시리라."

**1** 염려와 근심이 생길 때 일반적으로 어떻게 해결하는가?

- 염려는 하나님의 보호와 인도를 의심하는 것이다.

**2** "아무것도 염려하지 말고" 우리가 해야 할 일은 무엇인가?

- 기도와 간구와 감사로 하나님께 아뢰어야 한다.
- 하나님은 우리의 문제를 알고 계시고 단번에 그것을 해결할 능력이 있으시지만, 우리가 그 문제를 두고 기도하기를 원하신다.
- 염려에 쏟아야 할 힘을 기도에 쏟으라고 하신다.

**3** 왜 감사함으로 하나님께 아뢰어야 하는가?

- 감사는 기도의 필수 조건으로, 하나님은 감사하는 기도를 좋아하신다.

▶ 기도 가운데 감사가 포함되어 있는가?

- 하나님은 지각에 뛰어나신 분으로 모든 문제를 해결하실 수 있기 때문이다.
- 하나님이 해결해주실 것을 확신하는 사람은 감사할 수밖에 없다.
- 언제나 합당한 때에 가장 좋은 방법으로 해결해주시기에 감사해야 한다.
- 감사하며 기도하는 것은 하나님께 무한한 신뢰를 보여드리는 것이다.

**4** 기도를 통해 얻는 것은 무엇인가?

- 하나님이 주시는 평강을 얻는다.
- 평강은 사람이 이해할 수 있는 이상의 것으로 하나님이 마음에 주시는 내적 평안이다.
- 기도를 통해 하나님이 도우실 것이라는 것을 신뢰하게 되고, 하나님에 대한 신뢰는 곧 기도 응답으로 이어진다.
- 근본적인 문제 해결을 받을 때 하나님이 주시는 평안을 얻게 된다.

## 3 하나님이 기도하라고 명령하시는 이유가 무엇인지 다음 성경말씀을 보고 말해보라.

**1** 에베소서 3:20

"우리 가운데서 역사하시는 능력대로 우리가 구하거나 생각하는 모든 것에 더 넘치도록 능히 하실 이에게."

- "더 넘치도록"은 측량할 수 없을 정도로 많이(NIV), '많은 것보다 더욱 무한하게'라는 뜻이다.
- 하나님은 우리가 구하는 것 이상으로 넘치도록 채워주시는 분이다.
- 기도에 대한 응답과 은혜가 한없이 크고 풍성함을 말한다.
- 기도하지 않기 때문에 받지 못하는 것이 생각보다 많음을 알 수 있다.

**2** 시편 34:4

"내가 여호와께 간구하매 내게 응답하시고 내 모든 두려움에서 나를 건지셨도다."

- 다윗은 사울에게서 쫓겼을 때 느꼈던 외로움, 죽음의 공포를 기도로 해결받았음을 고백하고 있다.
- 다윗은 하나님만이 보호자이자 신뢰의 대상이심을 확신하고 있다.
- 두려움에서 건지실 분은 오직 하나님 한 분뿐임을 믿어야 한다.

▶ 기도로 두려움을 극복한 경우가 있으면 말해보라.

아무것도 염려하지 말고 모든 것을 위해 기도하며 어떤 것에든 감사하라.  D. L. 무디 전도자

**4** 오늘 말씀에서 느낀 점과 결단한 점을 말하고 합심해서 기도하자.

삶 에 서 말 씀 녹 여 내 기

∞ **성구 암송**  빌립보서 4:6
"아무것도 염려하지 말고 다만 모든 일에 기도와 간구로, 너희 구할 것을 감사함으로 하나님께 아뢰라."
∞ **큐티**  마태복음 7:7-11
∞ **독서 과제**  『기도-보이지 않는 적과의 싸움』(제리 브리지스, 네비게이토 역간)
∞ **생활 과제**  일주일에 두 번 이상 새벽 예배 참석하기
∞ **성경 읽기**

하나님은 기도하는 자의 미래를 보장해주시며 우리가 전혀 생각하지 못한 일을 이루어주신다. 하나님은 기도하라고 강하게 명령하신다. 또한 그렇게 기도의 자리로 나아오는 사람에게 무한한 사랑을 베풀어주신다. 우리는 은혜를 넘치도록 부어주길 원하시는 하나님의 마음을 알 수 있다. 염려가 많은 세상이지만, 기도로 두려움을 이기고, 기도의 선물을 주신 하나님께 감사하며 기도에 힘쓰는 사람이 되라.

# 8과

## 응답받는 기도

### 도입

우리가 원하는 기도 응답을 받지 못한다고 해도, 우리에게 없어서는 안 되는 것을 얻을 수 있다. 기도 응답에서 가장 중요한 것은 기도하는 사람이다. 이 시간 기도 응답에 대해 공부해보자.

### 적용

**1** 요한일서 5장 14-15절을 읽고, 다음 질문에 답해보라.

"¹⁴그를 향하여 우리가 가진바 담대함이 이것이니 그의 뜻대로 무엇을 구하면 들으심이라 ¹⁵우리가 무엇이든지 구하는 바를 들으시는 줄을 안즉 우리가 그에게 구한 그것을 얻은 줄을 또한 아느니라."

**1** 하나님이 특별히 관심을 갖고 들으시는 기도는 어떤 기도일까?

- 하나님의 뜻에 맞는 기도다.

**2** 하나님이 특별히 관심을 갖고 들으시는 기도의 유익에 대해 말해보라.

- 응답받을 수 있다는 확신이 든다.
- 하나님의 뜻에 맞는 모든 기도에 하나님은 적극적이시기 때문이다.

▶ 하나님의 뜻에 맞는 기도로 응답받은 경험이 있으면 말해보라.

## 2 마태복음 21장 22절에서 얻을 수 있는 교훈을 살펴보자.

"너희가 기도할 때에 무엇이든지 믿고 구하는 것은 다 받으리라 하시니라."

▶ 위의 구절은 구하는 것은 무조건 다 얻을 수 있다는 뜻인가?
- 나의 기도가 하나님의 뜻과 원리에 일치해야 기도 응답을 받는다.
- "무엇이든지"에서 불의한 정욕을 위해 구하는 것은 제외됨을 기억해야 한다.
- 온전히 신뢰하는 믿음으로 기도할 때 응답해주신다.
- 이 말씀은 하나님을 온전히 신뢰하는 자에게는 큰 축복이다.

## 3 야고보서 4장 3절에서 얻을 수 있는 교훈은 무엇인가? 또한 이 말씀을 읽고, 느낀 점을 말해보라.

"구하여도 받지 못함은 정욕으로 쓰려고 잘못 구하기 때문이라."

**1** 기도 응답을 받지 못하는 이유는 무엇인가?
- 자신의 정욕을 위해 구할 때 응답받지 못한다.
- 잘못된 동기, 즉 받은 것을 정욕을 위해 사용하려 할 때 당연히 응답받지 못한다.
- 얻은 것을 정욕을 위해 사용한다면 파멸에 이를 것이기 때문이다.

**2** 정욕을 위해 구하는 기도에는 어떤 것이 있는지 자신의 예를 들어 말해보라.
- 자신의 욕심을 채우기 위해 구하고 있는 것
- 하나님의 뜻에 반하는 것
- 미움과 시기 등으로 구하는 잘못된 기도

## 4  기도 응답을 받기 위해 필요한 자세는 무엇인가?

### 1 시편 66:18

"내가 나의 마음에 죄악을 품었더라면 주께서 듣지 아니하시리라."

- 죄악을 품고 기도하면 하나님은 듣지 않으신다.

▶ 마음에 품고 있는 죄악은 없는가?

### 2 요한복음 15:7

"너희가 내 안에 거하고 내 말이 너희 안에 거하면 무엇이든지 원하는 대로 구하라 그리하면 이루리라."

- 주님 말씀에 순종하며 구할 때 무엇이든지 응답받을 수 있다고 하는데, 이 말씀에서 주님이 말씀대로 사는 사람을 좋아하신다는 것을 알 수 있다.
- 말씀에 순종하며 사는 것과 기도 응답은 관계가 있다.

### 3 요한복음 16:24

"지금까지는 너희가 내 이름으로 아무것도 구하지 아니하였으나 구하라 그리하면 받으리니 너희 기쁨이 충만하리라."

- 기도의 삶을 사는 자가 기쁨이 충만한 삶을 살게 된다.
- 기도를 통해 얻은 기쁨을 생각나는 대로 말해보라.

> 말씀을 더 많이 읽을수록, 더욱 강력하게 기도할 수 있다.　　　　윌리엄 거널 저자

## 5  오늘 말씀에서 느낀 점과 결단한 점을 말하고 합심해서 기도하자.

삶 에 서  말 씀  녹 여 내 기

∞ 성구 암송  야고보서 4:3
"구하여도 받지 못함은 정욕으로 쓰려고 잘못 구하기 때문이라."
∞ 큐티  마가복음 10:46-52
∞ 독서 과제  『기도 응답을 받는 방법』(제리 브리지스, 네비게이토 역간)
∞ 생활 과제  한 주간 동안 기도 응답 받은 것 적어 오기
∞ 성경 읽기

---

영국의 유명한 스펄전 목사는 기도에 대해 다음과 같이 말했다. "기도는 아래서 줄을 당겨 하늘 위에 있는 큰 종을 하나님 귀밑에 올리는 것과 같다. 어떤 사람은 되는 대로 힘들이지 않고 줄을 당기기 때문에 하늘의 종이 울리지 않는다. 또 어떤 사람은 한 번만 줄을 당겨보고 만다. 그러나 응답받는 기도를 하는 사람은 줄을 단단히 붙잡고 전력을 다해 계속해서 당긴다." 기도하라고 명령하신 하나님이 반드시 응답해주실 거라고 믿고 끝까지 기도하는 사람이 되라.

# 기도할 대상

## 9과

### 도입

성도는 제사장 신분을 갖추었기에 남을 위해 기도할 자격이 있다. 그리고 그 기도의 대상은 자신과 가족 그리고 이웃의 범위를 넘어선다. 주님이 모든 사람을 위해 기도하신 것처럼 모든 사람이 우리가 기도해야 할 대상인 것이다. 특히 하나님은 우리가 기도해주어야 하는 사람이 있다고 말씀하신다. 성경에서 기도해야 할 대상에 대해 자세히 살펴보자.

### 적용

**1** 디모데전서 2장 1-4절을 읽고, 다음 질문에 답해보라.

"¹그러므로 내가 첫째로 권하노니 모든 사람을 위하여 간구와 기도와 도고와 감사를 하되 ²임금들과 높은 지위에 있는 모든 사람을 위하여 하라 이는 우리가 모든 경건과 단정함으로 고요하고 평안한 생활을 하려 함이라 ³이것이 우리 구주 하나님 앞에 선하고 받으실 만한 것이니 ⁴하나님은 모든 사람이 구원을 받으며 진리를 아는 데에 이르기를 원하시느니라."

**1** 1-2절에서 기도의 대상이 누구라고 하는가?

- 모든 사람이 기도의 대상이다.

- 모든 사람이란 임금들과 높은 지위에 있는 사람까지 포함한다. 이들은 디모데전후서가 쓰였을 당시 초대교회에 호의적이지 않고 적대적인 입장을 취한 자들이다. 그럼에도 하나님은 이들을 위해 기도하라고 하셨다.

**2** 1절에서 기도에 대해 구분한 내용을 살펴보자.
- 간구: 긴박한 상황에 있는 특별한 문제 해결을 위해 하나님께 간절하게 매달리는 기도
- 기도: 일반적인 모든 기도
- 도고: 타인의 문제를 자신의 문제처럼 하나님께 대신 구하는 기도
- 감사: 하나님의 은혜를 생각하며 감사하여 드리는 기도

**3** 2절에서 "임금들과 높은 지위에 있는 모든 사람"을 위해 기도해야 할 이유를 무엇이라고 하는가?
- 기도는 지도자들의 마음을 움직여 경건과 단정한 중에 평안한 생활을 하게 하기 때문이다.
- 우리의 기도가 지도자의 마음까지도 움직일 수 있다.
- 그러므로 우리나라의 지도자뿐 아니라 세계의 지도자를 위해서도 기도해야 한다. 기도를 통해 국가적 위기까지도 해결할 수 있기 때문이다.
- 기도에 엄청난 영향력 있음을 분명히 알 수 있다.

**4** 3절에서 무엇을 느낄 수 있는가?
- 하나님이 1-2절과 같은 기도를 귀하게 봐주시고 받으신다는 것을 알 수 있다.

▶ 우리가 나라의 지도자들을 위해 기도할 수 있다는 것에 대해 어떤 느낌이 드는가?

**5** 4절에서는 무엇을 강조하고 있는가?
- 하나님이 우리에게 품으신 사랑의 마음을 알 수 있다.
- 모든 사람에게 복음을 전해야 한다는 하나님의 뜻을 알 수 있다.

▶ 이 말씀을 보고 결단해야 할 부분이 있으면 나누어보라.

## 2 로마서 10장 1절을 읽고, 다음 질문에 답해보라.

"형제들아 내 마음에 원하는 바와 하나님께 구하는 바는 이스라엘을 위함이니 곧 그들로 구원을 받게 함이라."

### 1 바울의 소원은 무엇이었는가?

- 자기 민족인 이스라엘이 구원받는 것이었다.
- 바울은 자신의 민족을 진정으로 사랑하는 사람이었다.

## 3 바울이 민족을 사랑하는 마음이 어느 정도였는지 로마서 9장 1-3절에서 살펴보자.

"¹⁻²내가 그리스도 안에서 참말을 하고 거짓말을 아니하노라 나에게 큰 근심이 있는 것과 마음에 그치지 않는 고통이 있는 것을 내 양심이 성령 안에서 나와 더불어 증언하노니 ³나의 형제 곧 골육의 친척을 위하여 내 자신이 저주를 받아 그리스도에게서 끊어질지라도 원하는 바로라."

- 자신이 저주를 받더라도 형제, 친척이 구원받는 것을 간절하게 원하고 있다.
- 바울이 기도는 영혼 구원에 초점이 맞추어져 있었으며, 그 결과 바울을 통해 많은 영혼이 주님께 돌아왔다. 실제로 바울은 생명을 걸고 복음을 전했을 뿐 아니라 많은 교회를 세웠다.

▶ 바울의 소원과 내 소원의 차이점은 무엇인가?

## 4 우리가 기도해야 할 내용을 말해보라.

### 1 마태복음 9:37-38

"³⁷이에 제자들에게 이르시되 추수할 것은 많되 일꾼이 적으니 ³⁸그러므로 추수하는 주인에게 청하여 추수할 일꾼들을 보내 주소서 하라 하시니라."

- 복음 전파를 위해 함께 사역할 일꾼들을 보내달라고 기도해야 한다.
- 기도를 통해 좋은 제자를 세울 수 있음을 알아야 한다.

**2** 누가복음 6:28

"너희를 저주하는 자를 위하여 축복하며 너희를 모욕하는 자를 위하여 기도하라."

- 저주하고 모욕하는 자를 위해 기도하기가 어렵다. 그러나 주님은 축복 기도를 해야 한다고 말씀하셨다.

> 우리는 어느 때보다 중보 기도할 때 그리스도를 더 많이 닮는다.
> 오스틴 펠프스 미국 회중교회 목사

**5** 오늘 말씀에서 느낀 점과 결단한 점을 말하고 합심해서 기도하자.

### 삶에서 말씀 녹여내기

- **성구 암송** 누가복음 6:28
  "너희를 저주하는 자를 위하여 축복하며 너희를 모욕하는 자를 위하여 기도하라."
- **큐티** 창세기 18:16-33
- **독서 과제** 『야베스의 기도』(브루스 윌킨슨, 디모데 역간)
- **생활 과제** 한 주간 다른 사람들을 위해 기도하고 느낀 점과 결과 적어 오기
- **성경 읽기**

---

이 세상에서 하나님께 위대하게 쓰임 받아 거룩한 영향을 끼친 사람은 기도하는 사람들이었다. 그들이 한 기도의 내용은 대부분 하나님의 뜻이 이루어지기를 바라는 것이었다. 미얀마 선교사인 아도니람 저드슨Adoniram Judson과 중국 내지선교회 설립자 허드슨 테일러Hudson Taylor는 영혼 구원을 위해 지속적으로 기도했다. 조지 뮬러Georgy Mueller는 고아들을 돌보며 필요가 있을 때마다 기도로 하나님께 구했다. 하나님은 그의 기도를 들으시고 필요를 채워주셨다. 감리교 운동의 지도자 존 플레쳐John Fletcher는 1785년 소천할 때까지 그가 기도할 때마다 내쉬는 숨 때문에 방의 벽이 더러워졌을 정도라고 한다. 우리 기도를 하나님이 다 듣고 계심을 확신하고 기도의 사람으로 쓰임 받길 소원하자.

# 10과

# 기도할 내용

## 도입

찰스 스펄전Charles Spurgeon은 "기도하고 싶을 때 기도하지 않는 것은 좋은 기회를 소홀이 여기는 것으로 죄다. 기도하기 싫을 때도 기도해야 하는 이유는 침체 상태에 머물러 있는 것은 위험하기 때문이다"라고 말했다. 이 시간 우리가 해야 할 기도의 내용에 대해 살펴보자.

## 적용

**1** 에베소서 3장 14-19절에서 바울의 기도 내용을 읽고 다음 질문에 답해보라.

"¹⁴이러므로 내가 하늘과 땅에 있는 각 족속에게 ¹⁵이름을 주신 아버지 앞에 무릎을 꿇고 비노니 ¹⁶그의 영광의 풍성함을 따라 그의 성령으로 말미암아 너희 속사람을 능력으로 강건하게 하시오며 ¹⁷믿음으로 말미암아 그리스도께서 너희 마음에 계시게 하시옵고 너희가 사랑 가운데서 뿌리가 박히고 터가 굳어져서 ¹⁸능히 모든 성도와 함께 지식에 넘치는 그리스도의 사랑을 알고 ¹⁹그 너비와 길이와 높이와 깊이가 어떠함을 깨달아 하나님의 모든 충만하신 것으로 너희에게 충만하게 하시기를 구하노라."

**1** 16절에 기록된 기도의 내용을 보며 느낀 점을 말해보라.

— 바울은 속사람을 튼튼하게 해달라고 기도하고 있다.

- 겉사람은 타락한 인간의 본성을 나타내고, 속사람은 하나님의 뜻을 따라 살려고 한다.
- 믿는 자 속에 계신 성령님의 인도하심으로 속사람이 강건해질 수 있다.

▶ 나의 속사람을 위한 기도를 얼마나 하고 있는가?

**2** 속사람을 위해 기도해야 하는 이유를 요한삼서 1장 2절을 읽고 말해보라.

"사랑하는 자여 네 영혼이 잘됨같이 네가 범사에 잘되고 강건하기를 내가 간구하노라."

- 속사람이 잘되는 것과 영혼이 잘되는 것은 같은 의미라고 볼 수 있다.
- 속사람이 잘되면 모든 것이 잘되기 때문이다.

**3** 17절 상반절에서 알 수 있는 내용은 무엇인가?

- 바울은 에베소 교회 성도들의 마음속에 그리스도가 살아 계시도록 기도했다.

**4** 18-19절에서 성도들이 그리스도의 크신 사랑을 깨달아야 할 이유는 무엇인가?

- 그리스도의 사랑을 경험하게 되면 하나님의 충만함이 마음속에 채워지기 때문이다.
- 하나님의 크신 사랑을 깊이 깨닫는 자는 항상 하나님을 모시고 살면서, 하나님의 크신 사랑과 은혜를 더욱 경험하게 된다.

## 2  어떤 내용으로 기도해야 하는지 성경구절을 통해 살펴보자.

**1** 욥기 13:23

"나의 죄악이 얼마나 많으니이까 나의 허물과 죄를 내게 알게 하옵소서."

- 자신의 죄를 알게 해달라고 기도해야 한다.
- 죄를 깨닫지 못하여 더 깊이 죄악에 빠지고 하나님의 진노를 사는 경우가 얼마나 많은지 알아야 한다.

**2** 시편 119:10

"내가 전심으로 주를 찾았사오니 주의 계명에서 떠나지 말게 하소서."

- 하나님 말씀에 순종하려면, 간절히 기도해야 한다.
- 하나님은 순종에 대한 우리의 열망과 기도를 알고 들으시며, 우리에게 순종할 힘을 주신다.

**3** 야고보서 5:16

"그러므로 너희 죄를 서로 고백하며 병이 낫기를 위하여 서로 기도하라 의인의 간구는 역사하는 힘이 큼이니라."

▶ 합심해서 기도하여 병이 나은 경험이 있으면 말해보라.

▶ 우리 주변에 병든 자가 있다면 그들을 위해 이 말씀을 붙잡고 합심해서 기도하자.

> 하나님의 용서가 필요하지 않는 사람은 세상에서 말하는 정의로운 사람일 수는 있어도 아직 기독교인이 될 수는 없다.  **우치무라 간조 일본의 기독교 사상가**

**4** 로마서 15:30

"형제들아 내가 우리 주 예수 그리스도와 성령의 사랑으로 말미암아 너희를 권하노니 너희 기도에 나와 힘을 같이하여 나를 위하여 하나님께 빌어."

- 바울은 복음을 위해 기도를 부탁할 뿐 아니라 믿지 않는 유대인의 위협에 대한 기도도 부탁하고 있다.
- 성도들은 영적인 지도자를 위해 기도해야 한다.

▶ 지도자를 위한 기도를 얼마나 하고 있는가?

▶ 그들을 위해 기도해야 할 이유는 무엇인가?

**3** 오늘 말씀에서 느낀 점과 결단한 점을 말하고 합심해서 기도하자.

삶 에 서 말 씀 녹 여 내 기

∞ 성구 암송  시편 119:10
"내가 전심으로 주를 찾았사오니 주의 계명에서 떠나지 말게 하소서."
∞ 큐티  시편 119:33-34
∞ 독서 과제  『기도』(존 화이트, IVP 역간)
∞ 생활 과제  오늘 기도에 대해 배운 후, 기도의 내용이 어떻게 달라졌는지 적어 오기
∞ 성경 읽기

우리는 항상 기도의 내용을 점검해야 한다. R. A. 토레이[R.A. Torrey]는 기도에 대해 이렇게 말했다. "기도의 참된 목적은 기도에 대한 응답을 받음으로 하나님께 영광 돌리는 데 있다. 단지 자신의 기쁨을 구하거나 자기만족을 채우기 위해 기도한다면, 이 기도는 그릇된 것이다. 그렇게 하면서 기도하는 것을 얻기를 바랄 수는 없다."

# 기도에 대한 올바른 태도

## 도입

위대한 믿음의 사람들은 하나님이 사람과 기도로 교제하고, 그 기도에 응답하기를 바라신다는 사실을 알았다. 그러므로 우리도 기도에 대한 올바른 태도를 취하는 것이 중요하다. 올바른 태도를 갖추는 것이 기도에 열정이 있는 것보다 중요하기 때문이다. 이것이야말로 기도 응답을 받는 삶의 시작이다.

## 적용

**1** 마태복음 18장 19-20절에서 합심 기도에 대해 살펴보자.

"¹⁹진실로 다시 너희에게 이르노니 너희 중의 두 사람이 땅에서 합심하여 무엇이든지 구하면 하늘에 계신 내 아버지께서 그들을 위하여 이루게 하시리라 ²⁰두세 사람이 내 이름으로 모인 곳에는 나도 그들 중에 있느니라."

■ 합심 기도의 유익을 말해보라.
- 우리는 다른 지체와 합심하여 기도하는 데 힘써야 한다.
- 나 혼자만의 기도로 모든 문제를 해결할 수 있다는 생각은 교만임을 기억해야 한다. 주님은 분명 합심 기도를 원하고 계시기 때문이다.

- 두 사람이 합심하여 드리는 기도가 하나님의 마음을 움직인다는 사실을 기억해야 한다.

**2** 함께 마음을 합하여 기도할 사람으로 누가 가장 좋은가?
- 교회 내 소그룹에서 지체들과 합심해서 기도하는 것이 좋다.
- 합심 기도로 좋은 결과를 낳을 수 있다.

**3** 합심 기도를 통해 응답받은 것이 있다면 나누어보라.

---

## 2. 누가복음 18장 10-14절에서 우리가 배워야 할 기도의 태도를 살펴보자.

"¹⁰두 사람이 기도하러 성전에 올라가니 하나는 바리새인이요 하나는 세리라 ¹¹바리새인은 서서 따로 기도하여 이르되 하나님이여 나는 다른 사람들 곧 토색, 불의, 간음을 하는 자들과 같지 아니하고 이 세리와도 같지 아니함을 감사하나이다 ¹²나는 이레에 두 번씩 금식하고 또 소득의 십일조를 드리나이다 하고 ¹³세리는 멀리 서서 감히 눈을 들어 하늘을 쳐다보지도 못하고 다만 가슴을 치며 이르되 하나님이여 불쌍히 여기소서 나는 죄인이로소이다 하였느니라 ¹⁴내가 너희에게 이르노니 이에 저 바리새인이 아니고 이 사람이 의롭다 하심을 받고 그의 집으로 내려갔느니라 무릇 자기를 높이는 자는 낮아지고 자기를 낮추는 자는 높아지리라 하시니라."

**1** 바리새인의 기도는 어떤 기도인가?
- 세리와 비교해서 자신의 의로움을 자랑하고 있다.
- 자신이 금식한 것, 십일조 한 것을 자랑하고 있다.

**2** 세리의 기도는 어떤 기도인가?
- 감히 하늘을 쳐다보지도 못하고 자신이 죄인임을 고백하며 불쌍히 여겨달라고 기도하고 있다.

**3** 14절의 예수님 말씀을 통해 얻을 수 있는 교훈은 무엇인가?
- 예수님은 세리의 기도를 높게 평가하셨다.
- 기도하는 사람은 세리처럼 겸손하고 회개하는 태도를 취해야 한다.

▶ 나의 기도는 어떠한가? 나의 기도 태도 가운데 고쳐야 할 점이 있으면 말해보라.

## 3 다음 성경구절에서 기도에 대한 바른 태도에 대해 살펴보자.

### 1 시편 66:18-19

"¹⁸내가 나의 마음에 죄악을 품었더라면 주께서 듣지 아니하시리라 ¹⁹그러나 하나님이 실로 들으셨음이여 내 기도 소리에 귀를 기울이셨도다."

- 하나님은 우리가 깨끗한 마음으로 기도할 때 응답해주신다.
- 항상 자신의 마음을 살피는 지혜가 필요하다.

### 2 마태복음 6:14

"너희가 사람의 잘못을 용서하면 너희 하늘 아버지께서도 너희 잘못을 용서하시려니와."

- 다른 사람을 용서하지 않는 자는 하나님께 용서받지 못한다.
- 아직 누군가를 용서하지 못했다면, 이 문제를 반드시 해결해야 하나님과의 관계가 회복된다.

> 용서는 다시 결합하는 일, 즉 화해를 의미한다. — 마틴 루터 킹 목사

### 3 마태복음 21:22

"너희가 기도할 때에 무엇이든지 믿고 구하는 것은 다 받으리라 하시니라."

- 믿음의 기도가 얼마나 중요한지 알 수 있다.

▶ 내가 드리는 기도가 믿음의 기도라고 자신 있게 말할 수 있는가?

▶ 믿음으로 기도하여 응답받은 것이 있으면 나누어보라.

### 4 요한일서 5:14

"그를 향하여 우리가 가진바 담대함이 이것이니 그의 뜻대로 무엇을 구하면 들으심이라."

- 하나님의 뜻과 자신의 뜻 가운데 어느 편에 비중을 두고 기도하는가?
- 하나님의 뜻대로 기도하면 무엇을 구해도 들어주신다는 사실을 기억하자.

▶ 자신의 뜻대로 기도한 결과와 하나님의 뜻대로 기도한 결과의 차이에 대해 말해보라.

**5** 마태복음 6:5

"또 너희는 기도할 때에 외식하는 자와 같이 하지 말라 그들은 사람에게 보이려고 회당과 큰 거리 어귀에 서서 기도하기를 좋아하느니라 내가 진실로 너희에게 이르노니 그들은 자기 상을 이미 받았느니라."

- 하나님은 사람에게 보이려고 기도하는 것을 싫어하신다.
- 기도할 때 사람을 의식하지는 않는가? 하나님 앞에서 간절히 기도하고 있다고 생각하는가?

**4** 오늘 말씀에서 느낀 점과 결단한 점을 말하고 합심해서 기도하자.

---

삶 에 서 말 씀 녹 여 내 기

∞ 성구 암송  마태복음 21:22
"너희가 기도할 때에 무엇이든지 믿고 구하는 것은 다 받으리라 하시니라."
∞ 큐티  누가복음 18:10-14
∞ 독서 과제  『조지 뮐러』(A. 심즈, 네비게이토 역간)
∞ 생활 과제  고쳐야 할 기도 태도를 적어보고, 한 주간 올바르게 기도한 후 그 결과 적어 오기
∞ 성경 읽기

---

아프리카 탐험가로 유명한 스코틀랜드 선교사 리빙스턴Livingston은 기도하는 사람이었다. 그는 때때로 큰일을 앞두고 철야 기도를 했다. 한번은 쇼츠의 회당에서 설교를 하게 되었는데 이를 위해 동역자들과 더불어 철야 기도를 했다. 그 후 그의 설교가 끝난 후 500여 명이 그 자리에서 예수님을 영접하는 놀라운 일이 일어났다.

하나님은 우리가 합심해서 기도하기를 원하신다. 겸손하게, 깨끗한 마음으로 하나님의 뜻을 구하는 기도의 사람이 되어야 한다.

**2**단원

# 복음을 전하는 제자

# 하나님 1
## 하나님은 어떤 분이신가

## 도입

이 세상에서 가장 고귀한 지식은 바로 하나님을 아는 지식이다. 하나님이 어떤 분이신지 바로 알면 그분을 만나지 않고는 견딜 수 없다. 하나님을 만나면 사람답게 살 수 있기 때문이다. 사람은 대부분 하나님께 축복을 받기 바라지만, 하나님 알기를 원하지는 않는다. 그러나 하나님은 언제나 먼저 우리에게 다가오셔서 사랑을 베푸신다. 하나님이 어떤 분이신지 알아보자.

## 적용

**1** 하나님이 어떤 분이신지 다음 성경구절에서 살펴보자.

**1** 사도행전 17:24-25

"²⁴우주와 그 가운데 있는 만물을 지으신 하나님께서는 천지의 주재시니 손으로 지은 전에 계시지 아니하시고 ²⁵또 무엇이 부족한 것처럼 사람의 손으로 섬김을 받으시는 것이 아니니 이는 만민에게 생명과 호흡과 만물을 친히 주시는 이심이라."

– 하나님은 온 세상과 모든 것을 창조하신 분이며 하늘과 땅의 주인으로, 사람이 지은 전에 계시지 않는다.

- 하나님은 사람에게 생명과 호흡과 모든 것을 주실 수 있는 분이시기에 부족함이 있어서 사람의 손으로 섬김을 받으시는 것이 아니다.

### 2 마태복음 6:32

"이는 다 이방인들이 구하는 것이라 너희 하늘 아버지께서 이 모든 것이 너희에게 있어야 할 줄을 아시느니라."

- 하늘에 계신 아버지는 우리에게 필요한 모든 것을 아신다.

### 3 예레미야 23:24

"여호와의 말씀이니라 사람이 내게 보이지 아니하려고 누가 자신을 은밀한 곳에 숨길 수 있겠느냐 여호와가 말하노라 나는 천지에 충만하지 아니하냐."

- 하나님은 하늘과 땅, 어느 곳에나 다 계시기에 우리가 아무리 숨는다 해도 하나님을 피할 수는 없다.

## 2. 성경에서는 하나님에 대해 어떻게 말씀하는지 다음 성경구절을 통해 살펴보자.

### 1 이사야 45:5-6

"⁵나는 여호와라 나 외에 다른 이가 없나니 나밖에 신이 없느니라 너는 나를 알지 못하였을지라도 나는 네 띠를 동일 것이요 ⁶해 뜨는 곳에서든지 지는 곳에서든지 나밖에 다른 이가 없는 줄을 알게 하리라 나는 여호와라 다른 이가 없느니라."

- 하나님 외에 다른 신은 없다. 하나님은 우리를 강하게 해주신다.
- 하나님은 해 뜨는 동쪽에서부터 해 지는 서쪽에 이르기까지 오직 하나님 외에 다른 신은 없다는 것을 모든 사람이 알게 하신다.

### 2 시편 130:3-4

"³여호와여 주께서 죄악을 지켜보실진대 주여 누가 서리이까 ⁴그러나 사유하심이 주께 있음은 주를 경외하게 하심이니이다."

- 하나님이 죄를 지켜보시기에 누구도 그분 앞에 설 수 없지만 용서하심이 주께 있으니 사람들은 두려워하며 하나님을 높인다.

## 3 신명기 7장 9절은 무엇을 말씀하고 있는가?

"그런즉 너는 알라 오직 네 하나님 여호와는 하나님이시요 신실하신 하나님이시라 그를 사랑하고 그의 계명을 지키는 자에게는 천 대까지 그의 언약을 이행하시며 인애를 베푸시되."

- 하나님만이 참 하나님이요 신실하신 분이다. 하나님은 그분을 사랑하고 그분의 명령을 지키는 자들에게 천 대에 이르기까지 사랑의 언약을 지키신다.

> 하나님을 생각하는 일이 많으면 많을수록 하나님은 더 많이 도우신다.  톨스토이

## 4 다음 성경구절에서 하나님의 사랑에 대해 살펴보자.

### 1 로마서 5:8

"우리가 아직 죄인 되었을 때에 그리스도께서 우리를 위하여 죽으심으로 하나님께서 우리에 대한 자기의 사랑을 확증하셨느니라."

- 하나님은 우리가 죄인이었을 때 우리를 위해 죽으심으로 사랑을 나타내셨다.

### 2 로마서 8:38-39

"$^{38}$내가 확신하노니 사망이나 생명이나 천사들이나 권세자들이나 현재 일이나 장래 일이나 능력이나 $^{39}$높음이나 깊음이나 다른 어떤 피조물이라도 우리를 우리 주 그리스도 예수 안에 있는 하나님의 사랑에서 끊을 수 없으리라."

― 죽음, 생명, 천사들, 권세자들, 현재 일이나 장래 일, 가장 높은 것이나 깊은 것, 그 밖의 어떤 피조물도 우리 주 예수 안에 있는 하나님의 사랑에서 우리를 끊을 수 없다.

▶ 언제 하나님의 크신 사랑을 확인하고 구원의 확신을 품게 되었는가?

**5** 오늘 말씀에서 느낀 점과 결단한 점을 말하고 합심해서 기도하자.

삶 에 서 말 씀 녹 여 내 기

∞ 성구 암송    예레미야 23:24
"여호와의 말씀이니라 사람이 내게 보이지 아니하려고 누가 자신을 은밀한 곳에 숨길 수 있겠느냐 여호와가 말하노라 나는 천지에 충만하지 아니하냐."
∞ 큐티    시편 5:5-6
∞ 독서 과제    『하나님을 의뢰함』(제리 브리지스, 네비게이토 역간)
∞ 생활 과제    한 주간 언제 어디서나 하나님을 의식하고 행동한 후 그 결과 적어 오기
∞ 성경 읽기

하나님은 천지를 창조하신 분으로 하늘과 땅의 주인이시다. 그분은 사람에게 생명과 호흡과 모든 것을 주고 주관하신다. 오직 하나님 외에 다른 신은 없다.
또한 하나님은 사랑이시다. 우리를 위해 예수 그리스도를 십자가에 못 박으시므로 우리를 자녀로 삼아주셨다. 그러므로 하나님의 사랑에서 우리를 끊을 수 있는 것은 아무것도 없다. 하나님을 사랑하고 그 말씀을 지키는 자에게 은혜를 베푸시는 하나님을 모시는 복된 자로 살아가라.

# 하나님 2
## ___하나님과의 교제

### 도입

사람이 하나님의 본질에 대해서 알 수는 없다. 하나님이 친히 알려주신 것 정도만 알 수 있는데, 그것도 사람의 머리로는 완전히 이해할 수 없다. 피조물인 사람의 이성으로 하나님의 본질에 대해 정확하게 안다는 것 자체가 불가능하기 때문이다. 그런데 하나님은 죄 때문에 심판받을 수밖에 없는 사람에게 크신 사랑을 베풀어 죄를 용서해주시고, 함께 교제할 길을 열어주셨다. 말씀으로 하나님과 교제하는 삶을 사는 것은 더 강조할 수 없을 정도로 중요하다.

### 적용

**1** 마태복음 3장 16-17절에서 예수님이 요한에게 세례를 받고 물 위로 나오실 때 나타난 삼위 하나님에 대해 살펴보자.

"¹⁶예수께서 세례를 받으시고 곧 물에서 올라오실새 하늘이 열리고 하나님의 성령이 비둘기같이 내려 자기 위에 임하심을 보시더니 ¹⁷하늘로부터 소리가 있어 말씀하시되 이는 내 사랑하는 아들이요 내 기뻐하는 자라 하시니라."

**1** 하나님은 어떻게 나타나셨는가?

- 하늘로부터 말씀하셨다. "내 사랑하는 아들이요 내 기뻐하는 자라."

**2** 성령은 어떻게 임하셨는가?

- 비둘기처럼 예수님 위에 임하셨다.

**3** 예수님은 무엇을 하셨는가?

- 세례를 받고 물 위로 올라오셨다.

---

**2** 삼위일체란 삼위 하나님이 독립적인 인격이시지만 본질적으로는 한 분이심을 나타낸다. 이 사실을 다음 성경구절에서 살펴보자.

**1** 요한복음 10:30

"나와 아버지는 하나이니라 하신대."

- 아버지와 아들은 두 인격이지만 본질적으로 한 분이심을 나타낸다.
- 여기서 "하나"로 번역된 헬라어는 한 성품이란 뜻으로 예수님이 하나님이 심을 의미한다.

**2** 요한복음 14:9

"예수께서 이르시되 빌립아 내가 이렇게 오래 너희와 함께 있으되 네가 나를 알지 못하느냐 나를 본 자는 아버지를 보았거늘 어찌하여 아버지를 보이라 하느냐"

- 예수님은 자신을 보는 것이 곧 하나님을 보는 것이라고 하셨다.
- 예수님은 인간의 모습으로 오신 하나님이시기 때문이다.

**3** 요한복음 1:18

"본래 하나님을 본 사람이 없으되 아버지 품속에 있는 독생하신 하나님이 나타내셨느니라."

- 하나님을 본 사람은 아무도 없지만 하나님이시며, 아버지 곁에 계시던 독생자 예수님이 하나님이 어떤 분이신지를 알려주셨다는 뜻이다.
- 예수님이 인간의 모습으로 오신 하나님이심을 말씀하신 것이다.

## 3  하나님과 어떻게 교제할 수 있는가?

### 1 요한복음 14:6

"예수께서 이르시되 내가 곧 길이요 진리요 생명이니 나로 말미암지 않고는 아버지께로 올 자가 없느니라."

- 예수님을 통해 아버지께로 갈 수 있다.

### 2 요한복음 1:12

"영접하는 자 곧 그 이름을 믿는 자들에게는 하나님의 자녀가 되는 권세를 주셨으니."

- 예수님을 영접하면 자녀로서 하나님과 교제할 수 있다.

### 3 에베소서 2:13

"이제는 전에 멀리 있던 너희가 그리스도 예수 안에서 그리스도의 피로 가까워졌느니라."

- 하나님을 알지 못하고 살았던 우리가 예수 그리스도의 보혈로 하나님과 가까워졌다.

▶ 예수님이 나를 위해 십자가에서 죽으시고 살아나심을 언제 믿게 되었는가?

### 4 로마서 6:23

"죄의 삯은 사망이요 하나님의 은사는 그리스도 예수 우리 주 안에 있는 영생이니라."

- 죄의 대가는 죽음이지만, 하나님은 예수님의 십자가를 통해 우리에게 영생을 선물로 주셨다.

**5** 요한복음 14:23

"예수께서 대답하여 이르시되 사람이 나를 사랑하면 내 말을 지키리니 내 아버지께서 그를 사랑하실 것이요 우리가 그에게 가서 거처를 그와 함께하리라."

- 예수님 말씀에 순종하면 하나님이 사랑해주시고, 주님이 주님이 오셔서 나와 함께해주실 것이다.

▶ 하나님 말씀을 지켜서 받은 은혜가 있다면 말해보라.

> 그리스도 밖에서는 하나님을 알거나 이해하지 못한다. 그리스도 없이는 누구도 하나님을 알지 못하고, 용서와 은총을 받지 못하며, 아버지께 오지 못한다. _마르틴 루터 종교 개혁자, 신학자_

**4** 오늘 말씀에서 느낀 점과 결단한 점을 말하고 합심해서 기도하자.

---

삶 에 서  말 씀  녹 여 내 기

- **성구 암송**  요한복음 10:30
  "나와 아버지는 하나이니라 하신대."
- **큐티**  시편 24:3-5
- **독서 과제**  『하나님의 음성을 듣는 법』(빌 하이벨스, IVP 역간)
- **생활 과제**  예수를 믿은 후에 변화된 삶의 모습 세 가지 이상 기록해 오기
- **성경 읽기**

우리는 예수님을 통해서 하나님의 자녀가 되었다. 그래서 이제 우리는 하나님과 교제할 수 있다. 하나님은 우리에게 명령만 하시는 분이 아니다. 자신의 생명을 주실 만큼 넘치는 사랑을 주시는 분이다. 그리고 아버지로서의 능력을 보여주신다. 우리가 하나님 말씀에 순종하면 하나님의 사랑과 함께하심을 더욱 누릴 수 있게 될 것이다.

# 하나님 3
## 하나님의 기대

## 도입

하나님은 죄인인 우리를 자녀로 삼으시기 위해 예수님을 이 땅에 보내어 십자가에 못 박히게 하셨다. 하나님이 독생자를 우리에게 주신 것은 그분이 자신을 내어주심과 같은 사랑을 베푸신 것이다. 그리고 하나님은 자녀 된 성도들에게 기대를 하시는데, 사람의 기대가 이기적이라면 하나님은 자녀 된 성도들이 잘되길 원하시기 때문에 기대하신다. 이 시간 하나님의 기대하심이 무엇인지 살펴보고, 하나님을 기쁘시게 할 방법을 생각하고 행동으로 옮겨보자.

## 적용

**1  하나님은 무엇을 기뻐하시는지 살펴보자.**

**1** 시편 50:23

"감사로 제사를 드리는 자가 나를 영화롭게 하나니 그의 행위를 옳게 하는 자에게 내가 하나님의 구원을 보이리라."

- 감사로 제사드리는 일은 하나님을 높여드리는 것으로, 하나님은 이렇게 하는 사람에게 구원을 보여주신다.

### 2 요한복음 4:23

"아버지께 참되게 예배하는 자들은 영과 진리로 예배할 때가 오나니 곧 이때라 아버지께서는 자기에게 이렇게 예배하는 자들을 찾으시느니라."

- 하나님은 참되게 예배하는 사람을 기뻐하신다.

### 3 고린도전서 6:19-20

"[19]너희 몸은 너희가 하나님께로부터 받은바 너희 가운데 계신 성령의 전인 줄을 알지 못하느냐 너희는 너희 자신의 것이 아니라 [20]값으로 산 것이 되었으니 그런즉 너희 몸으로 하나님께 영광을 돌리라."

- 우리 몸은 하나님이 값을 치르고 사신 것이다. 자신의 몸을 하나님이 거하시는 성전으로 여기고 하나님께 영광 돌리는 사람을 하나님은 기뻐하신다.

▶ 몸으로 하나님께 영광을 돌리기 위해 어떻게 해야 하는가?

- 몸과 마음을 거룩하게 해야 한다(예 음행을 멀리해야 한다).

### 4 요한복음 15:8

"너희가 열매를 많이 맺으면 내 아버지께서 영광을 받으실 것이요 너희는 내 제자가 되리라."

- 하나님은 우리가 제자가 되는 것을 기뻐하신다. 제자는 열매를 많이 맺기 때문이다.

▶ 하나님이 기뻐하시는 열매를 맺었는가?

## 2 하나님이 원하시는 것은 무엇인가?

### 1 이사야 66:2

"나 여호와가 말하노라 내 손이 이 모든 것을 지었으므로 그들이 생겼느니라 무릇 마음이 가난하고 심령에 통회하며 내 말을 듣고 떠는 자 그 사람은 내가 돌보려니와."

- 하나님은 모든 것을 지으신 주인으로 '겸손하고 자기 죄를 뉘우치며 하나님의 말씀 앞에 두려워 떠는 자'를 좋아하신다.

▶ 하나님 말씀을 두려워하는 마음으로 따르고 있는가?

### 2 예레미야 7:23

"오직 내가 이것을 그들에게 명령하여 이르기를 너희는 내 목소리를 들으라 그리하면 나는 너희 하나님이 되겠고 너희는 내 백성이 되리라 너희는 내가 명령한 모든 길로 걸어가라 그리하면 복을 받으리라 하였으나."

- 하나님의 명령에 순종하면, 하나님은 우리의 하나님이 되시고, 우리를 백성으로 인정하신다.
- 하나님이 명령하시는 길로만 행하면 복을 받는다.

## 3 하나님을 기쁘시게 한 에녹의 삶에 대해 살펴보자.

### 1 히브리서 11:5-6

"⁵믿음으로 에녹은 죽음을 보지 않고 옮겨졌으니 하나님이 그를 옮기심으로 다시 보이지 아니하였느니라 그는 옮겨지기 전에 하나님을 기쁘시게 하는 자라 하는 증거를 받았느니라 ⁶믿음이 없이는 하나님을 기쁘시게 하지 못하나니 하나님께 나아가는 자는 반드시 그가 계신 것과 또한 그가 자기를 찾는 자들에게 상 주시는 이심을 믿어야 할지니라."

- 에녹은 믿음으로 하나님을 기쁘시게 해드렸다.

### 2 창세기 5:21-24

"²¹에녹은 육십오 세에 므두셀라를 낳았고 ²²므두셀라를 낳은 후 삼백 년을 하나님과 동행하며 자녀들을 낳았으며 ²³그는 삼백육십오 세를 살았더라 ²⁴에녹이 하나님과 동행하더니 하나님이 그를 데려가시므로 세상에 있지 아니하였더라."

- 에녹이 삼백 년 동안 하나님과 동행하므로 죽음을 보지 않고 하나님이 데려가셨다.
- 동행은 하나님과 깊은 관계를 유지하는 것을 말한다.

> 하나님은 나의 아내나 아들에게 말하는 것보다 훨씬 더 친절하게 나를 대하시고 나에게 말씀해주신다. 아내나 나는 우리 아이의 눈을 빼거나 머리를 쥐어뜯지 못한다. 하나님도 이와 마찬가지시다.
>
> 마르틴 루터

**4** 고린도전서 10장 31절에서 얻을 수 있는 교훈은 무엇인가?

"그런즉 너희가 먹든지 마시든지 무엇을 하든지 다 하나님의 영광을 위하여 하라."

― 무엇을 하든지 하나님의 영광을 위해서 해야 한다.

▶ 최근에 하나님께 영광을 돌려드린 일이 있으면 말해보라.

**5** 오늘 말씀에서 느낀 점과 결단한 점을 말하고 합심해서 기도하자.

삶 에 서 말 씀 녹 여 내 기

∞ 성구 암송 　고린도전서 10:31
　　　　　　　"그런즉 너희가 먹든지 마시든지 무엇을 하든지 다 하나님의 영광을 위하여 하라."
∞ 큐티 　　　시편 121:3-8
∞ 독서 과제 　『고난 중 도우시는 하나님』(샌디 에드먼슨, 네비게이토 역간)
∞ 생활 과제 　한 주간 하나님을 기쁘시게 해드린 일이 있다면 적어 오기
∞ 성경 읽기

하나님이 우리에게 품으신 기대가 있다. 그분은 우리에게 엄청난 사랑을 베푸시고, 희생을 하셨기 때문이다. 우리가 받은 사랑은 이 세상의 어떤 것과도 비교할 수 없다. 하나님은 지금도 변함없이 마음을 다해 우리를 사랑하고 계신다. 그러므로 우리는 하나님이 기뻐하시는 열매를 맺어야 한다. 오직 하나님의 영광을 위해 살아야 할 것이다.

# 성령 1
## ___성령의 사역

### 도입

"성령님은 하나님이 인류에게 주신 가장 좋은 선물이다. 선물이라고 하여 물건은 아니다. 즉 우리가 성령님과 접촉하고 그분을 다루며 분석할 수 있는 것은 아니다." 신학자 우치무라 간조(內村鑑三)의 말이다. 성령님은 단순히 하나님의 능력이나 영향력이 아니라 하나의 인격이시다. 성령님은 믿는 자 속에 계시면서 죄악이 우리를 지배하지 못하게 하시고 의의 열매를 맺게 하시는 삼위 하나님 중 한 분이다. 성령의 사역에 대해 말씀을 통해 배우고, 함께 은혜를 나누도록 하자.

### 적용

**1** **성령님이 어떤 일을 하시는지 말해보라.**

**① 요한복음 14:26**

"보혜사 곧 아버지께서 내 이름으로 보내실 성령 그가 너희에게 모든 것을 가르치고 내가 너희에게 말한 모든 것을 생각나게 하리라."

- 성령님은 모든 것을 가르쳐주시고 주님이 하신 말씀을 생각나게 하신다.
- '보혜사'는 성령님을 가리키는 말로 '위로자'라는 뜻이다.

### 2 요한복음 16:13

"그러나 진리의 성령이 오시면 그가 너희를 모든 진리 가운데로 인도하시리니 그가 스스로 말하지 않고 오직 들은 것을 말하며 장래 일을 너희에게 알리시리라."

- 성령님은 우리를 진리 가운데로 인도하신다.
- 성령님은 앞으로 일어날 일에 대해 알려주신다.

### 3 사도행전 13:2

"주를 섬겨 금식할 때에 성령이 이르시되 내가 불러 시키는 일을 위하여 바나바와 사울을 따로 세우라 하시니."

- 성령님은 사역에도 간섭하신다.
- 바울이 제1차 전도 여행을 준비할 때도 성령님이 주관하셨음을 알 수 있다.

## 2  성령과 구원의 관계에 대해 말해보라.

### 1 요한복음 16:8

"그가 와서 죄에 대하여, 의에 대하여, 심판에 대하여 세상을 책망하시리라."

- 성령님은 죄에 대하여, 의에 대하여, 심판에 대하여 책망하신다.

▶ 성령님을 통해 죄에 대한 책망을 받고 돌이킨 경험이 있으면 말해보라.

### 2 고린도전서 12:3

"그러므로 내가 너희에게 알리노니 하나님의 영으로 말하는 자는 누구든지 예수를 저주할 자라 하지 아니하고 또 성령으로 아니하고는 누구든지 예수를 주시라 할 수 없느니라."

- 구원은 성령님의 사역으로, 성령을 통하지 않고는 예수님을 주님으로 고백할 수 없다.
- 믿는 자는 성령님이 함께하심을 믿어야 한다.

**3  고린도전서 6장 19-20절에서 얻을 수 있는 교훈을 살펴보자.**

"¹⁹너희 몸은 너희가 하나님께로부터 받은바 너희 가운데 계신 성령의 전인 줄을 알지 못하느냐 너희는 너희 자신의 것이 아니라 ²⁰값으로 산 것이 되었으니 그런즉 너희 몸으로 하나님께 영광을 돌리라."

- 믿는 자는 성령님이 거하시는 하나님의 성전이다.

▶ 성령님이 안에 거하신다는 사실을 알았다면, 나의 삶에서 어떤 노력을 해야겠는가?

- 거룩함을 유지하기 위해 노력해야 한다.
- 하나님은 죄의 종이었던 우리를 예수님의 생명이라는 엄청난 값을 치르고 자녀 삼으셨다.
- 우리 주인은 그리스도이시기에 우리는 하나님께 영광 돌려야 한다.

▶ 하나님께 영광 돌려드리기 위해 노력하고 있는 것이 있으면 말해보라.

**4  에베소서 4장 30절을 읽고, 느낀 점을 말해보라.**

"하나님의 성령을 근심하게 하지 말라 그 안에서 너희가 구원의 날까지 인치심을 받았느니라."

- 하나님의 자녀 됨을 증언해주시는 성령님을 슬프게 해서는 안 된다. 하나님은 우리가 구원받은 것을 보증하시기 위해 성령을 보내주셨기 때문이다.

▶ 말씀을 통해 앞으로 어떻게 해야 할지를 나누어보라.

> 우리는 성령을 사용할 수 없다. 그분이 우리를 사용하실 뿐이다.   워렌 위어스비 목사, 저자

**5** 오늘 말씀에서 느낀 점과 결단한 점을 말하고 합심해서 기도하자.

삶 에 서   말 씀   녹 여 내 기

- ∞ **성구 암송** 요한복음 14:26
  "보혜사 곧 아버지께서 내 이름으로 보내실 성령 그가 너희에게 모든 것을 가르치고 내가 너희에게 말한 모든 것을 생각나게 하리라."
- ∞ **큐티** 요한복음 14:16-19
- ∞ **독서 과제** 『성령이 내게 임하시면』(토니 에반스, 디모데 역간)
- ∞ **생활 과제** 성령을 모시고 사는 자답게 살기 위해 노력하고 그 실례를 적어 오기
- ∞ **성경 읽기**

성령은 우리의 구원을 보증해주시고 진리 가운데로 우리를 인도하신다. 성령은 모든 것을 가르치고 생각나게 하신다. 구원은 성령의 사역으로 우리는 성령을 통하지 않고는 예수님을 주님으로 고백할 수 없다.
성령은 믿는 자 안에 거하신다. 그러므로 우리는 하나님의 성전이다. 성령을 모시고 사는 하나님의 자녀답게 거룩한 삶을 추구하며 하나님께 영광을 돌려드려야 한다.

# 성령 2
## ___성령과 삶

**16과**

## 도입

성령에 붙잡힌 사람은 사역과 삶에 변화가 있다. 윌리엄 바클레이<sup>William Barclay</sup>는 성령님에 대해 이렇게 말했다. "성령님이 어떤 사람을 사로잡으실 때 확실한 몇 가지 사건이 일어난다. 첫째, 그 사람의 인생이 더 좋은 방향으로 나아가게 된다. 둘째, 그는 더 강한 삶을 살게 된다. 셋째, 그의 삶이 정화된다." 성령 없이 사역할 수 없고, 성령 없이 사역의 열매를 기대할 수 없다. 성령님의 도우심으로 사역할 때 많은 열매를 맺을 수 있다. 이 시간 말씀을 통해 주시는 은혜를 함께 나누어보자.

## 적용

**1** 사도행전 1장 8절을 읽고, 다음 질문에 답해보라.

"오직 성령이 너희에게 임하시면 너희가 권능을 받고 예루살렘과 온 유대와 사마리아와 땅 끝까지 이르러 내 증인이 되리라 하시니라."

### ❶ 성령님의 주된 사역은 무엇인가?

- 복음을 증거하는 사역이다.
- 복음의 증인으로 사역할 때 성령님의 도우심을 경험할 수 있다.

**2** 복음을 전하는 증인의 사역을 감당할 때 성령님이 어떻게 도우셨는지 말해보라.

---

**2** 사도행전 16장 6-7절에서 얻을 수 있는 교훈을 말해보라.

"⁶성령이 아시아에서 말씀을 전하지 못하게 하시거늘 그들이 브루기아와 갈라디아 땅으로 다녀가 ⁷무시아 앞에 이르러 비두니아로 가고자 애쓰되 예수의 영이 허락하지 아니하시는지라."

- 성령님이 아시아에서 복음 전하는 것을 막으셨기에 바울과 그 일행은 브루기아와 갈라디아 지방을 두루 다녔다. 또한 비두니아로 가려 했으나 성령님이 허락하지 않으셨다.
- 이는 성령님이 복음 전하는 현장에서 함께하시며 구체적으로 지시하고 계심을 알 수 있다.

▶ 성령님의 인도하심에 따라 전도한 경험과 그 결과에 대해 말해보라.

---

**3** 에베소서 5장 18-21절을 읽고, 다음 질문에 답해보라.

"¹⁸술 취하지 말라 이는 방탕한 것이니 오직 성령으로 충만함을 받으라 ¹⁹시와 찬송과 신령한 노래들로 서로 화답하며 너희의 마음으로 주께 노래하며 찬송하며 ²⁰범사에 우리 주 예수 그리스도의 이름으로 항상 아버지 하나님께 감사하며 ²¹그리스도를 경외함으로 피차 복종하라."

**1** 성령 충만이란 무엇을 말하는가?

- 전적으로 성령의 다스림을 받는 상태를 말한다.

**2** 성령 충만한 사람에게 나타나는 현상은 무엇인가?

- 시와 찬미와 영적인 노래로 찬송한다.

- 모든 일에 예수님의 이름으로 하나님께 감사한다.
- 하나님을 경외하고 복종하는 삶을 산다.

> 육체의 만족과 성령의 충만은 함께 갈 수 없다.   R. A. 토레이  시카고 복음협회 초대 원장, 신학자

**3** 성령 충만한 삶을 위해 어떤 노력을 해야 하는가?

▶ 불순종하고 있지는 않은지, 방탕한 생활을 하고 있지는 않은지 자신을 살펴봐야 한다.

---

**4** 하나님이 주신 성령의 선물(은사)을 어떻게 사용해야 하는지 다음 성경구절에서 살펴보자.

**1** 베드로전서 4:10

"각각 은사를 받은 대로 하나님의 여러 가지 은혜를 맡은 선한 청지기같이 서로 봉사하라."

- 하나님은 성령의 선물을 주심으로 하나님의 은혜를 알게 하셨다.
- 은사(성령의 선물)를 귀하게 여겨야 한다. 또한 하나님의 뜻에 따라 은사를 잘 사용하는 청지기가 되어 자신이 받은 은사를 남을 섬기는 데 사용해야 한다.
- 자신의 유익이나 자랑을 위해 은사를 사용하면, 하나님의 뜻을 거스르게 된다.

**2** 고린도전서 14:40

"모든 것을 품위 있게 하고 질서 있게 하라."

- 질서 있게 하지 않으면 고린도 교회처럼 혼란에 빠질 수 있다.

**5** 갈라디아서 5장 22-23절을 읽고, 성령의 인도하심을 받을 때 나타나는 열매에 대해 말해보라.

"²²오직 성령의 열매는 사랑과 희락과 화평과 오래 참음과 자비와 양선과 충성과 ²³온유와 절제니 이 같은 것을 금지할 법이 없느니라."

— 사랑, 희락(기쁨), 화평, 오래 참음, 자비, 양선(착함), 충성, 온유, 절제 등

▶ 성령의 인도하심을 받기 위해 어떤 노력을 하고 있는가?

**6** 오늘 말씀에서 느낀 점과 결단한 점을 말하고 합심해서 기도하자.

### 삶에서 말씀 녹여내기

- **성구 암송**: 고린도전서 14:40
  "모든 것을 품위 있게 하고 질서 있게 하라."
- **큐티**: 사도행전 6:3-5
- **독서 과제**: 『성령충만』(찰스 험멜, IVP 역간)
- **생활 과제**: 복음을 전할 때 성령의 인도하심을 받았던 경험과 그때 느낀 점 적어 오기
- **성경 읽기**:

---

성령의 주된 사역은 복음 전파다. 복음을 전할 때 성령님이 도우시고 역사하신다. 전적으로 성령의 지배를 받을 때 찬송과 감사로 하나님께 순종하는 삶을 살고, 성령의 열매를 맛볼 수 있다.

성령님이 우리에게 은사를 주시는 이유는 서로 봉사하여 그리스도의 몸을 세우기 위해서다. 성령의 열매는 자신뿐 아니라 다른 사람에게까지 유익이 된다.

# 예수님의 십자가

**17과**

## 도입

하나님은 예수님의 십자가를 통해 지극히 크신 사랑을 보여주셨다. 우리가 십자가를 통해 받은 은혜는 이루 헤아릴 수 없다. 십자가는 최고의 고통이며 섬김이기도 하다. 하나님이 예수님의 십자가를 통해 구원을 이루셨기에 십자가의 정신 없이는 그 어떤 것도 이룰 수 없다. 그리스도인들이 십자가 없는 영광과 유익을 구하면 믿지 않는 영혼들을 구원하지 못할뿐더러 세상을 변화시킬 수도 없다. 교회가 세상의 소망이 될 수 있는 이유는 십자가에서 죽으신 예수님의 사랑과 섬김으로 시작되었기 때문이다.

## 적용

**1** 믿음이 있는 사람은 하나님을 만난 사람이라고 할 수 있다. 이사야 55장 6-7절에서 얻을 수 있는 교훈을 말해보라.

"⁶너희는 여호와를 만날 만한 때에 찾으라 가까이 계실 때에 그를 부르라 ⁷악인은 그의 길을, 불의한 자는 그의 생각을 버리고 여호와께로 돌아오라 그리하면 그가 긍휼히 여기시리라 우리 하나님께로 돌아오라 그가 너그럽게 용서하시리라"

- 누구든 하나님을 찾으면 하나님은 받아주신다.
- 죄인이라도 악한 생각을 버리면 하나님이 자비를 베푸시고 너그럽게 용서하실 것이다.

## 2  하나님께 나아가는 데 무엇이 장애가 되는가?

### 1 마가복음 9:47

"만일 네 눈이 너를 범죄하게 하거든 빼버리라 한 눈으로 하나님의 나라에 들어가는 것이 두 눈을 가지고 지옥에 던져지는 것보다 나으니라."

- 죄 문제를 해결하지 않고는 하나님께로 나아갈 수 없다.

### 2 베드로후서 2:14

"음심이 가득한 눈을 가지고 범죄하기를 그치지 아니하고 굳세지 못한 영혼들을 유혹하며 탐욕에 연단된 마음을 가진 자들이니 저주의 자식이라."
"그들은 여자를 볼 때마다 나쁜 마음을 품으며, 그러한 행위를 멈추지 않습니다. 악한 자들을 꾀어 죄의 올가미 가운데 빠뜨리고, 자기 욕심만 채우도록 부추깁니다. 하나님께서는 이들을 분명히 벌하실 것입니다"(쉬운성경).

- 계속 죄를 짓는 사람은 하나님께 나아가지 못할 뿐만 아니라 저주의 자식이 된다.

## 3  어떻게 하나님께 나아갈 수 있는가? 요한복음 14장 6절에서 그 답을 찾아보라.

"예수께서 이르시되 내가 곧 길이요 진리요 생명이니 나로 말미암지 않고는 아버지께로 올 자가 없느니라."

- 예수님을 통해 하나님께 나아갈 수 있다.
- 예수님을 통하지 않으면 하나님께 나아갈 수 없다.

## 4 어떻게 우리는 예수님을 통해 하나님께 나아갈 수 있게 되었는가?

### 1 요한일서 3:5

"그가 우리 죄를 없애려고 나타나신 것을 너희가 아나니 그에게는 죄가 없느니라."
"여러분도 알고 있는 것처럼, 그리스도는 죄를 없애기 위해 오셨으며, 그리스도께서는 죄가 없으십니다"(쉬운성경).

### 2 로마서 6:23

"죄의 삯은 사망이요 하나님의 은사는 그리스도 예수 우리 주 안에 있는 영생이니라."

- 죄에 대한 대가는 사망이지만 하나님은 우리에게 예수님을 통해 영생을 주셨다.

### 3 이사야 53:5-6

"⁵그가 찔림은 우리의 허물 때문이요 그가 상함은 우리의 죄악 때문이라 그가 징계를 받으므로 우리는 평화를 누리고 그가 채찍에 맞으므로 우리는 나음을 받았도다 ⁶우리는 다 양 같아서 그릇 행하여 각기 제 길로 갔거늘 여호와께서는 우리 모두의 죄악을 그에게 담당시키셨도다."

- 예수님이 우리가 받아야 죄악을 대신 담당하셨기 때문이다.

▶ 예수님이 내 죄악을 담당하심을 언제 믿게 되었는가?

### 4 베드로전서 2:24

"친히 나무에 달려 그 몸으로 우리 죄를 담당하셨으니 이는 우리로 죄에 대하여 죽고 의에 대하여 살게 하려 하심이라 그가 채찍에 맞음으로 너희는 나음을 얻었나니."

- 예수님이 우리 죄를 짊어지시고 십자가에서 돌아가셨으므로 우리는 더는 죄인으로 살지 않아도 된다.
- 예수님이 채찍에 맞으셨기 때문에 우리가 나음을 얻었다.

> 우리가 십자가 위에 있는 예수를 이해하지 않고서 그리스도의 생애를 바로 이해할 수 없듯이, 예수의 전 생애와 관계를 맺지 않고서는 십자가를 이해할 수 없다. **에밀 브루너** 신학자

**5**  오늘 말씀에서 느낀 점과 결단한 점을 말하고 합심해서 기도하자.

삶 에 서  말 씀  녹 여 내 기

- 성구 암송    요한일서 3:5
  "그가 우리 죄를 없애려고 나타나신 것을 너희가 아나니 그에게는 죄가 없느니라."
- 큐티    마태복음 10:38-39
- 독서 과제    『오직 한 길』(브리안 메이든, IVP 역간)
- 생활 과제    예수님의 십자가 사랑을 생각하며 주님의 뜻을 따랐던 사례 적어 오기
- 성경 읽기

하나님은 십자가를 통해 그분의 무한하신 사랑을 보여주셨다. 십자가는 어떤 죄와 허물도 다 용서할 수 있는 사랑이다. 예수님은 십자가 위에서 죄의 형벌과 온갖 수치를 다 받으셨다. 그리고 그 무겁고 고통스러운 지옥문을 막으시고 천국의 문을 여셨다. 죄에 대한 대가는 사망이지만 하나님은 우리에게 예수님을 통해 영생을 주셨다. 예수님은 "나의 하나님, 나의 하나님, 어찌하여 나를 버리셨나이까!"라고 절규하시고 "다 이루었다"라는 말씀을 하신 뒤 숨을 거두셨다. 이 엄청난 사랑을 받은 자는 더는 자신을 위해 살아서는 안 된다. 삶의 목적과 방향이 주님을 위한 것으로 완전히 바꾸어야 한다.

# 예수님의 부활

**18 과**

## 도입

죄의 결과로 찾아 온 죽음의 권세를 이길 수 있는 것은 이 세상에 아무 것도 없다. 오직 예수님의 부활만이 죽음의 권세를 이길 수 있을 뿐이다. 부활은 모든 사람에게 소망을 준 사건이다. 예수님의 부활을 확인한 제자들은 죽음을 두려워하지 않고 모든 민족에게 복음을 전하기 위해 자신의 생명을 아끼지 않았다. 죽음을 이기시고 부활하신 주님을 모시고 사는 자가 두려워할 것은 아무것도 없었기 때문이다. 당신에게는 부활 신앙이 있는가?

## 적용

**1. 마태복음 17장 22-23절을 읽고, 느낀 점을 말해보라.**

"²²갈릴리에 모일 때에 예수께서 제자들에게 이르시되 인자가 장차 사람들의 손에 넘겨져 ²³죽임을 당하고 제삼일에 살아나리라 하시니 제자들이 매우 근심하더라."

- 예수님의 고난과 부활에 대한 두 번째 예고다(첫 번째 예고는 마태복음 16장 21절에 나온다).
- 제자들은 부활에 대한 소식보다는 죽음에 대한 염려로 슬퍼했다.

▶ 부활에 대한 확신이 생긴 후에 어떤 변화가 있었는가?

## 2. 사도행전 3장 14-15절에서 얻을 수 있는 교훈을 말해보라.

"¹⁴너희가 거룩하고 의로운 이를 거부하고 도리어 살인한 사람을 놓아 주기를 구하여 ¹⁵생명의 주를 죽였도다 그러나 하나님이 죽은 자 가운데서 그를 살리셨으니 우리가 이 일에 증인이라."

- "거룩하고 의로운 이"는 예수님이시고, "살인한 사람"은 바라바를 가리킨다.
- 베드로를 비롯한 제자들은 자신들이 예수님의 부활에 대한 증인이라고 말하고 있다.
- 모든 그리스도인은 예수님의 부활에 대한 증인이 되어야 한다.

## 3. 부활의 의미를 다음 성경구절에서 살펴보자.

**1** 로마서 1:4

"성결의 영으로는 죽은 자들 가운데서 부활하사 능력으로 하나님의 아들로 선포되셨으니 곧 우리 주 예수 그리스도시니라."

- 예수님은 부활하심으로 하나님의 아들로 인정받으셨다.

▶ 예수님의 부활을 언제 믿게 되었는가?

**2** 고린도전서 15:20

"그러나 이제 그리스도께서 죽은 자 가운데서 다시 살아나사 잠자는 자들의 첫 열매가 되셨도다."

- 예수님의 부활로 죽은 자들이 부활할 것이라는 사실을 확인할 수 있다.

**4  로마서 8장 11절을 읽고, 다음 질문에 답해보라.**

"예수를 죽은 자 가운데서 살리신 이의 영이 너희 안에 거하시면 그리스도 예수를 죽은 자 가운데서 살리신 이가 너희 안에 거하시는 그의 영으로 말미암아 너희 죽을 몸도 살리시리라."

**1 본문 말씀을 자신의 말로 쉽게 표현해보라.**

"예수님을 죽은 자 가운데서 살리신 분의 영이 우리 안에서 죽을 우리 몸도 살리실 것이다."

**2 말씀에서 깨달은 점이 있으면 말해보라.**

– 구원받은 성도에게 거하시는 성령님은 구원의 보증이 되실 뿐 아니라 부활 시 우리를 살리신다.

▶ 예수님을 믿는 사람에게는 성령님이 함께하신다. 이 사실을 믿고 있는가?(고전 12:3)

"그러므로 내가 너희에게 알리노니 하나님의 영으로 말하는 자는 누구든지 예수를 저주할 자라 하지 아니하고 또 성령으로 아니하고는 누구든지 예수를 주시라 할 수 없느니라."

**5  요한복음 6장 39-40절에서 얻을 수 있는 교훈을 살펴보자.**

"³⁹나를 보내신 이의 뜻은 내게 주신 자 중에 내가 하나도 잃어버리지 아니하고 마지막 날에 다시 살리는 이것이니라 ⁴⁰내 아버지의 뜻은 아들을 보고 믿는 자마다 영생을 얻는 이것이니 마지막 날에 내가 이를 다시 살리리라 하시니라."

**1 본문 말씀을 자신의 말로 쉽게 표현해보라.**

"하나님의 뜻은, 아들을 보고 믿는 사람은 단 한 사람도 잃지 않고 마지막 날에 모두 부활시키는 것이다."

**2 말씀을 통해 깨달은 점이 있으면 말해보라.**

– 예수 믿고 구원받은 자는 단 한 명도 예외 없이 부활하게 된다.
– 믿는 자에게 부활이 얼마나 중요한지를 알 수 있다.

▶ 하나님이 부활에 대해 확고하게 말씀하신 데서 느낄 수 있는 점은 무엇인가?

**6** **사도행전 24장 15절에서 얻을 수 있는 교훈을 말해보라.**

"그들이 기다리는바 하나님께 향한 소망을 나도 가졌으니 곧 의인과 악인의 부활이 있으리라 함이니이다."

- 사람은 죽음으로 끝나는 존재가 아니다. 죽음 이후에는 반드시 부활이 있다.

▶ 부활에 대한 확고한 소망이 있는가? 그리고 의인과 악인이 모두 부활한다는 말씀에서 특별히 깨닫는 점이 있는가?

> 법률가로서 나는 부활 사건에 대한 증거들을 오랫동안 연구했다. 부활의 증거는 결정적이다. 나는 법조계에서 일하면서 이와 비슷한 수준의 강력한 증거를 바탕으로 판결을 내려본 적이 없다.
> 　　　　　　　　　　　　　　　　　　　　　에드워드 클라크 영국 법률가

**7** **오늘 말씀에서 느낀 점과 결단한 점을 말하고 합심해서 기도하자.**

삶 에 서 말 씀 녹 여 내 기

- ∞ 성구 암송  요한복음 6:40
  "내 아버지의 뜻은 아들을 보고 믿는 자마다 영생을 얻는 이것이니 마지막 날에 내가 이를 다시 살리리라 하시니라."
- ∞ 큐티  고린도전서 15:51-58
- ∞ 독서 과제  『부활의 증거』(노르만 앤더슨, IVP 역간)
- ∞ 생활 과제  예수님이 부활하셨고, 마지막에 우리의 죽을 몸도 부활하리란 진리 때문에 삶에서 달라진 점이 있다면 적어 오기 (예 기쁨, 확신, 전도에 대한 열정 등)
- ∞ 성경 읽기

루터는 이렇게 말했다. "부활의 약속은 성경에만 기록된 것이 아니고 봄에 피는 풀 한 포기에도 약속되어 있다." 예수님은 부활하심으로 하나님의 아들로 입증되셨다. 또 예수님의 부활은 우리에게도 부활이 있음을 보증해 준 대사건이었다. 하나님은 아들을 믿는 자는 단 한 사람도 빼지 않고 모두 살리리라고 약속하셨다. 예수님을 믿고 구원받은 자는 예외 없이 부활하게 된다는 이 놀라운 사실에 가슴이 뛰지 않는가?

## 19과

# 예수님의 승천과 재림

### 도입

예수님은 십자가에서 죽으시고 3일 만에 살아나셨다가 40일 후에 승천하셨다. 그리고 다시 오겠다고 약속하셨다. 예수님이 이 땅에서 하신 모든 사역은 우리를 위한 것이었으며, 예수님은 승천하신 이후에도 우리를 위해 일하고 계신다. 예수님의 재림은 우리가 흔들림 없는 소망으로 신앙생활을 할 수 있는 가장 큰 힘이다. 재림 신앙을 가진 사람은 누구보다 거룩함을 추구하게 된다. 마지막 날 주님을 만날 기대를 품고 있기 때문이다.

### 적용

**1** 누가복음 24장 48-51절에서 예수님의 승천에 대해 알아보자.

"⁴⁸너희는 이 모든 일의 증인이라 ⁴⁹볼지어다 내가 내 아버지께서 약속하신 것을 너희에게 보내리니 너희는 위로부터 능력으로 입혀질 때까지 이 성에 머물라 하시니라 ⁵⁰예수께서 그들을 데리고 베다니 앞까지 나가사 손을 들어 그들에게 축복하시더니 ⁵¹축복하실 때에 그들을 떠나 [하늘로 올려지시니]."

- "이 모든 일의 증인이라"는 말씀은 주님의 가르침을 받고, 그분의 고난과 부활을 본 제자들에게 그 사실을 전할 의무가 있음을 말씀하신 것이다.
- 예수님은 제자들이 성령의 능력으로 사역할 것을 말씀하셨다.
- 예수님은 감람산 동쪽 기슭에 위치한 베다니 앞으로 제자들을 이끄신 후에 그들을 축복하시고 승천하셨다.

## 2 승천하신 예수님이 무엇을 하시는지 알아보자.

### 1 로마서 8:34

"누가 정죄하리요 죽으실 뿐 아니라 다시 살아나신 이는 그리스도 예수시니 그는 하나님 우편에 계신 자요 우리를 위하여 간구하시는 자시니라."

- 십자가에 죽으시고 다시 살아나신 예수님은 하나님 우편에서 우리를 위해 기도하신다.

▶ 예수님이 우리를 위해 중보 기도하고 계신다는 말씀에서 무엇을 느끼는가?

### 2 요한복음 14:2

"내 아버지 집에 거할 곳이 많도다 그렇지 않으면 너희에게 일렀으리라 내가 너희를 위하여 거처를 예비하러 가노니."

- 있을 곳이 많은, 아버지 집에 거할 처소를 마련하러 가신다.

## 3 예수님의 재림에 대해 살펴보자.

### 1 고린도전서 15:51-52

"[51]보라 내가 너희에게 비밀을 말하노니 우리가 다 잠잘 것이 아니요 마지막 나팔에 순식간에 홀연히 다 변화되리니 [52]나팔 소리가 나매 죽은 자들이 썩지 아니할 것으로 다시 살아나고 우리도 변화되리라."

- 성도들은 다 잠잘 것이 아니라 주님의 재림을 알리는 마지막 나팔 소리가 울릴 때, 한순간에 죽은 자들이 썩지 않을 몸으로 살아나 변화될 것이다.
- 여기서 "비밀"이란 하나님이 계획하신 장차 일어날 신비로운 일로, 하나님의 종들을 통해 알려지게 될 것이다.

## 2 데살로니가전서 4:16-17

"$^{16}$주께서 호령과 천사장의 소리와 하나님의 나팔 소리로 친히 하늘로부터 강림하시리니 그리스도 안에서 죽은 자들이 먼저 일어나고 $^{17}$그 후에 우리 살아남은 자들도 그들과 함께 구름 속으로 끌어올려 공중에서 주를 영접하게 하시리니 그리하여 우리가 항상 주와 함께 있으리라."

- 예수님의 재림 시 일어날 일을 말씀하고 있다.
- 주님은 하늘로부터 오셔서, 천사장의 소리와 하나님의 나팔 소리가 울리는 가운데 큰 소리로 호령하실 것이다.
- 그때 믿다가 죽은 자들이 먼저 살아나고 그 후에 살아 있던 자들이 그들과 함께 구름 속으로 끌어올려져 하늘에서 주님을 만나게 될 것이다.

▶ 예수님의 재림에 대한 기대감을 말해보라.

## 3 요한계시록 22:12

"보라 내가 속히 오리니 내가 줄 상이 내게 있어 각 사람에게 그가 행한 대로 갚아 주리라."

- "오리니"를 나타내는 헬라어 '에르코 마이'는 본문에는 현재형으로 쓰였는데, 이 표현은 주님의 재림이 이미 시작되어 진행되고 있음을 강조한다.
- 주님이 재림하실 때 각자의 행위에 대한 보상이 있음을 말씀하셨다.
- 주님은 속히 오실 것이다. 이 사실을 기억한다면 우리도 재림에 기대감을 품고 이 세상에서 맡은 역할을 잘 감당할 수 있을 것이다.

▶ 예수님의 재림을 어떻게 준비할 것인가? 다른 사람들과 나누어보라.

그리스도의 오심을 준비하는 가장 좋은 길은 그리스도의 임재를 절대로 잊지 않는 것이다.
윌리엄 바클레이 주경신학자

**4** 오늘 말씀에서 느낀 점과 결단한 점을 말하고 합심해서 기도하자.

삶 에 서 말 씀 녹 여 내 기

∞ 성구 암송　**로마서 8:34**
　　　　　　"누가 정죄하리요 죽으실 뿐 아니라 다시 살아나신 이는 그리스도 예수시니 그는 하나님 우편에 계신 자요 우리를 위하여 간구하시는 자시니라."
∞ 큐티　　　마태복음 24:36-44
∞ 독서 과제
∞ 생활 과제　주님의 재림을 공부한 후 삶에서 달라진 부분을 기록해 오기
∞ 성경 읽기

예수님이 이 땅에 오셔서 하신 모든 사역은 바로 우리를 위한 것이었다. 승천하신 예수님은 지금도 우리를 위해 일하고 기도하고 계시며, 우리의 처소를 준비하고 계신다. 그뿐만 아니라 예수님은 우리가 받을 상급까지 준비하고 다시 오실 것이다. 재림에 대한 기대감으로 깨어 기도하며 주님 맞을 준비를 잘해야 한다.

# 20과

# 복음을 전해야 할 이유

## 도입

진리인 복음은 누구에게나 선포되어야 하는 하나님의 가장 중요한 계획이다. 그래서 그리스도인이라면 누구나 이 복음 전하는 사역을 중요하게 여겨야 한다. 복음을 전하는 일은 특별한 사람만 할 수 있는 것이 아니라 모든 성도가 할 수 있는, 성도의 기본 의무임을 기억해야 한다.

## 적용

**1. 사도행전 1장 8절을 읽고, 다음 질문에 답해보라.**

"오직 성령이 너희에게 임하시면 너희가 권능을 받고 예루살렘과 온 유대와 사마리아와 땅 끝까지 이르러 내 증인이 되리라 하시니라."

**① 본문은 어떤 말씀인가?**

- 예수님이 지상 사역에서 마지막으로 하신 말씀이다.
- 최종적으로 하신 말씀이니만큼 가장 권위 있고 가장 중요하다.

**② 성령님이 임하시는 이유는 무엇인가?**

- 우리가 예수님의 증인으로서 사역을 잘 감당하도록 도우시기 위해서다.
- 우리가 능력 있는 증인이 되도록 도우시기 위해서다.

- 성령님의 사역에서 최우선은 전도임을 알 수 있다.

**3** 말씀을 보고서 느끼고 결단한 점이 있으면 말해보라.

- 아무리 불효자라도 유언은 지킨다. 예수님이 마지막으로 하신 명령은 복음 전파였다.

## 2  이사야 43장 10절을 읽고, 다음 질문에 답해보라.

"나 여호와가 말하노라 너희는 나의 증인, 나의 종으로 택함을 입었나니 이는 너희가 나를 알고 믿으며 내가 그인 줄 깨닫게 하려 함이라 나의 전에 지음을 받은 신이 없었느니라 나의 후에도 없으리라."

**1** "너희는 나의 증인, 나의 종"이라는 말씀에서 깨달은 점을 말해보라.

- 우리가 종의 자세로 증인이 되어야 함을 알 수 있다.
- 이스라엘 백성은 이방 민족에게 하나님만이 유일하신 분임을 증거하기 위해 부름 받았다.
- 성도들도 불신자에게 예수님이 구원자이심을 전하기 위해 부름 받았음을 기억해야 한다.

**2** 느끼고 결단한 점을 말해보라.

- 주님이 친밀하면서도 간절하게 명령하시는 데서 증인으로 사는 것이 얼마나 중요한지 알 수 있다.
- 성도라면 누구나 하나님이 증인으로 부르신다는 사실을 명심해야 한다.

## 3  증인으로 사는 성도의 삶은 어때야 하는가?

**1** 시편 96:2

"여호와께 노래하여 그의 이름을 송축하며 그의 구원을 날마다 전파할지어다."

- 하나님께 노래하고 하나님의 이름을 찬양해야 한다.
- 송축이란 하나님의 성품인 선하심과 인자하심과 공의로우심을 찬양하는 것이다.
- 하나님의 말씀대로 살면 그분을 경험할 수 있고, 마음에서 우러나오는 찬양을 드릴 수 있다.
- 하나님의 구원을 날마다 선포해야 한다.

**2 빌립보서 2:15**

"이는 너희가 흠이 없고 순전하여 어그러지고 거스르는 세대 가운데서 하나님의 흠 없는 자녀로 세상에서 그들 가운데 빛들로 나타내며."

- 어두운 세상에서 빛의 역할을 잘 감당하기 위해서는 '깨끗한 마음'이 있는 '흠 없는 자녀'로 살아야 한다.

---

**4 시편 34편 2절에서 증인으로 사는 사람의 모습을 살펴보라.**

"내 영혼이 여호와를 자랑하리니 곤고한 자들이 이를 듣고 기뻐하리로다."

- 증인은 하나님을 자랑한다.
- 곤고한 사람이란 고난 가운데 있는 자, 가난한 자를 말한다.
- 하나님의 증인이 하나님에 대해 자랑하면 곤고한 사람에게 기쁨을 준다.

▶ 내가 전한 증거로 곤고했던 사람이 하나님을 만나 용기를 얻은 적이 있다면 나누어보라.

> 나는 복음을 부끄러워하지도 않고, 복음에 부끄러움이 되지 않는 사람이 그리스도인이라 생각한다.
> **매튜 헨리** 성경 주석가, 장로교 목사

**5** 오늘 말씀에서 느낀 점과 결단한 점을 말하고 합심해서 기도하자.

삶 에 서 말 씀 녹 여 내 기

- ∞ 성구 암송  사도행전 1:8
  "오직 성령이 너희에게 임하시면 너희가 권능을 받고 예루살렘과 온 유대와 사마리아와 땅끝까지 이르러 내 증인이 되리라 하시니라."
- ∞ 큐티  요한복음 1:40-42
- ∞ 독서 과제  『복음전도, 동기와 방법』(존 스토트, IVP 역간)
- ∞ 생활 과제  어떻게 예수님을 믿게 되었는지, 나에게 복음을 전해준 분이 있다면 그분의 열정과 헌신을 적어 오기
- ∞ 성경 읽기

미국의 백화점 왕이며 평신도 전도자로 유명한 페니 J. C. Penney는 어려운 문제가 생겼을 때마다 복음에 의지했다고 회고하며 다음과 같이 말했다. "역사상 무엇보다 분명한 사실은, 그리스도와 기독교 복음을 존중하는 곳에서는 해결이 불가능해 보이는 어려운 문제와 절망적 갈등이 해결되었다는 것이다." 우리는 복음의 증인으로 부름 받았다. 복음이야말로 인생 문제의 해답이다.

# 복음 증거의 유익

## 도입

하나님은 우리에게 입술로 복음을 전할 수 있는 특권을 주셨다. 우리가 순종하여 입술을 열 때 영혼들이 주님께 돌아올 수 있도록 성령님은 우리를 거듭나게 하신다. 전도를 받아 하나님을 믿게 되는 사람도 복을 받은 것이지만, 전도를 하는 사람도 그 과정에서 많은 은혜를 받고 더욱 말씀에 대한 믿음이 생긴다. 그러므로 전도야말로 전도자 자신과 대상자 모두에게 유익을 주는 일이다.

## 적용

**1** 마가복음 5장 18-19절에서 주님이 귀신 들린 자를 고치신 후에 무엇을 원하셨는지 살펴보자.

"¹⁸예수께서 배에 오르실 때에 귀신 들렸던 사람이 함께 있기를 간구하였으나 ¹⁹허락하지 아니하시고 그에게 이르시되 집으로 돌아가 주께서 네게 어떻게 큰일을 행하사 너를 불쌍히 여기신 것을 네 가족에게 알리라 하시니."

**1** 본문 말씀을 자신의 말로 쉽게 표현해보라.

"귀신 들렸던 사람이 예수님께 따라가게 해달라고 간청했으나 예수님은 허락하지 않으셨다. 그 대신 가족과 친구들에게로 가서 주님이 그에게 얼마나 큰 일을 해주셨는지 전하라고 하셨다."

**2** 본문에서 얻는 교훈이 무엇인가?

- 예수님은 가족 구원에 큰 관심을 갖고 계시다.
- 영혼 구원이 어떤 일보다 시급한 것임을 알게 해주셨다.
- 받은 은혜를 입술로 전하는 것은 주님의 뜻이었다.

**3** 말씀을 보고 결단한 점이 있으면 나누어보라.

▶ 지금 당장 복음을 전해야 할 대상자에게 해야 할 일을 구체적으로 말해보라.

## 2 다음 성경구절에서 느낀 점과 결단한 점을 말해보라.

**1** 로마서 10:14

"그런즉 그들이 믿지 아니하는 이를 어찌 부르리요 듣지도 못한 이를 어찌 믿으리요 전파하는 자가 없이 어찌 들으리요."

- 복음은 구체적으로 전해야 믿게 된다.
- 아직도 복음을 구체적으로 전하지 못하고 있는 주변 사람들을 찾아보자.

**2** 로마서 10:17

"그러므로 믿음은 들음에서 나며 들음은 그리스도의 말씀으로 말미암았느니라."

- 말씀을 전할 때 믿음을 갖게 된다는 사실을 믿으면 복음 전하는 일에 기대감을 품게 된다.
- 복음을 구체적으로 전할 수 있는 무기가 있는가?(전도폭발, 사영리, 다리 예화 등)

**3** 바울이 복음을 대했던 자세를 로마서 1장 16절에서 알아보고, 다음 질문에 답해보라.

"내가 복음을 부끄러워하지 아니하노니 이 복음은 모든 믿는 자에게 구원을 주시는 하나님의 능력이 됨이라 먼저는 유대인에게요 그리고 헬라인에게로다."

**1** 복음을 대하는 바울의 자세는 어떠했는가?

– 복음을 부끄러워하지 않았다.

▶ 복음을 전할 때 부끄러워하지 않아야 한다. 아직도 복음을 전파할 때 부끄러운 감정이 든다면 그 이유가 무엇이라고 생각하는가?

**2** 복음을 부끄러워하지 말아야 할 이유는 무엇인가?

– 복음은 유대인, 헬라인, 누구에게나 능력으로 나타나기 때문이다.
– 유대인은 율법을 중시하여 예수님을 거부했기 때문에 복음을 전하기가 가장 어려운 대상이었다.
– 헬라인이란 모든 이방인을 가리킨다.

**3** 바울이 맺은 복음의 열매와 본문 말씀은 어떤 관계가 있을까?

– 바울은 복음에 확신을 갖고 복음을 조금도 부끄러워하지 않았다. 실로 그가 복음을 전하여 맺은 열매는 참으로 대단한 것이었다(소아시아, 로마 등에서 맺은 열매들).
– 복음의 풍성한 열매는 담대한 자가 얻게 된다.

> 복음은 모든 사람이 되돌릴 수 없는 단 한 번의 결정으로 자신의 영원한 운명을 좌우하게 된다는 사실을 깨닫게 한다.
> **칼 F. H. 헨리** 미국 복음주의 신학자

**4** 오늘 말씀에서 느낀 점과 결단한 점을 말하고 합심해서 기도하자.

삶 에 서  말 씀  녹 여 내 기

∞ **성구 암송**  **로마서 10:14**
"그런즉 그들이 믿지 아니하는 이를 어찌 부르리요 듣지도 못한 이를 어찌 믿으리요 전파하는 자가 없이 어찌 들으리요."
∞ **큐티**  요한복음 1:43-49
∞ **독서 과제**
∞ **생활 과제**  한 사람 이상에게 복음을 전하고 느낀 점 기록해 오기
∞ **성경 읽기**

---

예수님은 영혼 구원이 어떤 일보다 시급하다고 말씀하셨다. 복음은 구체적으로 전해야 하며, 가까운 사람부터 멀리 있는 사람까지 모든 사람에게 전해야 한다. 위대한 복음 전도자 바울은 기독교 역사상 가장 넓은 지역에 복음을 전했고 많은 교회를 세워 풍성한 복음의 열매를 맺었다. 복음을 전해서 영생을 얻게 하는 일에 쓰임 받을 수 있다면 이보다 더 값지고 감격스러운 일은 없을 것이다.

# 복음 증거자의 자세

## 도입

복음을 전하는 자의 자세에 따라 그가 맺을 열매를 예측해볼 수 있다. 자신이 어떤 자세를 취해야 하는지 고민하고 살펴보는 것이 복음을 전하기 전에 그 어떤 것보다 선행되어야 할 준비라고 할 수 있다. 이 시간 복음 전파자가 취해야 할 태도와 자세를 살펴보자.

## 적용

**1** 역대상 16장 10절에서 얻을 수 있는 교훈을 말해보라.

"그의 성호를 자랑하라 여호와를 구하는 자마다 마음이 즐거울지로다."

▶ 복음 증거자에게 필요한 자세는 무엇일까?

- "자랑하라"는 '드러나게 한다'는 뜻이다.
- 하나님을 자랑한다는 것은 찬양한다는 뜻과 같다.
- 하나님을 찬양하는 것이 복음 증거에 유익이 된다.
- 복음 증거자는 먼저 하나님의 거룩하신 이름을 찬양하고 하나님을 구해야 한다.
- 하나님을 구하는 자는 마음이 즐겁다.

▶ 본문 말씀에 비추어 복음 증거자로서 고쳐야 할 자세가 있다면 말해보라.

**2** 요한일서 4장 15절을 읽고, 다음 질문에 답해보라.

"누구든지 예수를 하나님의 아들이라 시인하면 하나님이 그의 안에 거하시고 그도 하나님 안에 거하느니라."

**1** 그리스도를 시인할 때 주시는 축복은 무엇인가?

– 하나님이 우리 안에 거하시게 된다.

**2** 예수님을 믿고 하나님이 우리 안에 거하심을 확신하고 난 후의 변화를 말해보라.

**3** 우리가 하나님 안에 거하게 되었다는 말은 무슨 뜻인가?

– 하나님이 지극하신 사랑을 쏟는 대상이 우리임을 나타낸다.

> 복음 전파는 평화를 실현하기 위한 유일한 길이다.     우치무라 간조

**3** 디모데후서 1장 8-9절에서 복음을 대하는 자세에 대해 더 자세히 살펴보자.

"⁸그러므로 너는 내가 우리 주를 증언함과 또는 주를 위하여 갇힌 자 된 나를 부끄러워하지 말고 오직 하나님의 능력을 따라 복음과 함께 고난을 받으라 ⁹하나님이 우리를 구원하사 거룩하신 소명으로 부르심은 우리의 행위대로 하심이 아니요 오직 자기의 뜻과 영원 전부터 그리스도 예수 안에서 우리에게 주신 은혜대로 하심이라."

**1** 본문 말씀을 자신의 말로 쉽게 표현해보라.

"주 예수를 증거하는 것을 부끄러워하지 말아야 한다. 주님을 위해 감옥에 갇혔던 바울은 자기 자신을 부끄러워하지 말고 복음을 위해 고난을 받으라고 권

면했다. 하나님이 능력을 주실 것이기 때문이다. 하나님은 우리를 구원하여 거룩한 백성으로 삼으셨다. 이 모든 은혜를 예수 그리스도를 통해 창세전에 우리에게 주셨다."

**3** 복음을 부끄러워하지 말아야 할 이유를 설명해보라.

- 영원 전부터 예수님을 통해 우리를 구원하시기로 계획하시고, 우리를 불러 주셨기 때문이다.
- 예수님이 우리를 부르신 은혜는 말로 다 표현할 수 없는 지극한 은혜다.
- 그래서 우리는 부끄러워하지 말고, 고난당할 것을 감수하며 복음을 전해야 한다.
- 복음을 통해 우리를 구원하신 은혜가 너무나 크기 때문에 바울은 확신에 찬 목소리로 "고난을 받으라"고 말했다.

**4** 마태복음 10장 32절에서 충성된 자가 앞으로 어떻게 되는지 알아보자.

"누구든지 사람 앞에서 나를 시인하면 나도 하늘에 계신 내 아버지 앞에서 그를 시인할 것이요."

- 사람 앞에서 예수님을 시인하면 예수님이 하나님 앞에서 우리를 자랑하실 것이다.
- 예수님을 사람들 앞에서 드러내고 자랑한 우리(복음을 전한 우리)가 예수님 보시기에도 자랑스러우신 것이다. 예수님을 시인한 자들은 예수님의 자랑이 됨을 기억해야 한다.
- 예수님은 복음 전도자에게 적극적인 후원자, 변호인이 돼주실 것이다.

**5** 오늘 말씀에서 느낀 점과 결단한 점을 말하고 합심해서 기도하자.

삶 에 서 말 씀 녹 여 내 기

- **성구 암송** 요한일서 4:15
  "누구든지 예수를 하나님의 아들이라 시인하면 하나님이 그의 안에 거하시고 그도 하나님 안에 거하느니라."
- **큐티** 로마서 9:1-3
- **독서 과제** 『전도의 열정』(로버트 콜만, 네비게이토 역간)
- **생활 과제** 복음을 전하는 자로서 고쳐야 할 자세를 찾아 실천한 후 결과 적어 오기
- **성경 읽기**

---

우리는 복음을 통해 구원받았다. 우리는 복음에 빚진 자다. 그러므로 복음 증거는 우리의 사명이다. 우리는 어디서나 하나님을 시인하고 자랑해야 한다. 주님이 주신 구원의 은혜를 항상 간직하며 살았던 바울은 그 은혜가 너무 커서 "복음을 위해 고난을 받으라"고 외쳤다. 사람 앞에서 예수님을 자랑하며 복음을 전하는 자는 예수님이 자랑해주실 것이다.

# 23과

# 효과적인 복음 증거

## 도입

그리스도인이 복음을 증거하는 것이 한 사람의 삶을 바꾼다. 복음 증거는 한 번 하고 말 것이 아니라 생활이 되어야 한다. 효과적으로 복음을 증거하기 위해 필요한 것이 무엇인지 성경을 통해 살펴보자.

## 적용

**1** 요한복음 13장 35절 말씀을 읽고, 다음 질문에 답해보라.

"너희가 서로 사랑하면 이로써 모든 사람이 너희가 내 제자인 줄 알리라."

### 1 효과적인 복음 증거를 위해 필요한 것은 무엇인가?

- 우리가 사랑의 마음을 품을 때 다른 사람들이 우리가 예수님의 제자인 것을 알게 된다.
- 지체나 이웃에 대한 사랑 없이 전도의 열매를 많이 거둘 수는 없다.

▶ 아직도 사랑하지 못하는 사람이 있다면 어떻게 해야 할까?

② 내가 아는 복음 전도자 가운데 사랑이 많았던 사람이 있었는가? 그에게서 받은 영향이 있다면 나누어보라.

## 2  마태복음 5장 16절을 읽고, 다음 질문에 답해보라.

"이같이 너희 빛이 사람 앞에 비치게 하여 그들로 너희 착한 행실을 보고 하늘에 계신 너희 아버지께 영광을 돌리게 하라."

### ① 본문 말씀을 자신의 말로 쉽게 표현해보라.

"믿음의 사람이 하는 선한 행동은 빛처럼 영향력을 끼쳐 믿지 않는 자들로 하여금 하나님을 믿게 하며, 하나님께 영광을 돌리는 결과를 낳는다."

### ② 본문의 핵심은 무엇인가?

- 가장 강력한 복음의 도구는 행실이다.
- 착한 행실을 통해 불신자들이 하나님께 영광 돌리게 된다. 그러므로 우리의 행실은 너무나 중요하다.

### ③ 복음을 전하기 위해 가장 시급하게 고쳐야 할 나의 생활 태도는 무엇인가?

- 성도의 말과 행동은 '보여주는 복음서'라고 할 수 있다. 그러므로 우리는 반드시 일상에서의 행실을 고쳐야 한다.

## 3  베드로전서 3장 15절에서 느낀 점 두 가지를 말해보라.

"너희 마음에 그리스도를 주로 삼아 거룩하게 하고 너희 속에 있는 소망에 관한 이유를 묻는 자에게는 대답할 것을 항상 준비하되 온유와 두려움으로 하고."

**1** 본문 말씀을 자신의 말로 쉽게 표현해보라.

"마음에 그리스도를 주님으로 모시고 살아서 거룩하게 되라. 그리고 소망에 관해 묻는 사람들에게 대답할 말을 준비하라."

**2** 본문에서 깨달은, 우리가 행해야 할 두 가지를 말해보라.

- 마음속에 주님을 모시고 살 때 믿지 않는 자들과 구별된 삶을 살 수 있다. 또한 구별된 삶을 통해 선하고 좋은 영향력을 끼칠 수 있다.
- 언제나 믿지 않는 자들에게 복음을 전할 준비를 하고 있어야 한다. 소망에 대해 묻는 사람에게 대답할 말을 준비하는 사람은 언제든지 복음을 전할 준비가 된 사람이다.

▶ 전도 훈련에 대해 어떤 자세를 취해야 할까?

**4** 고린도전서 2장 4절을 읽고, 복음을 전할 때 중요한 사실을 말해보라.

"내 말과 내 전도함이 설득력 있는 지혜의 말로 하지 아니하고 다만 성령의 나타나심과 능력으로 하여."

- 복음은 자신의 지혜나 말보다는 성령의 능력을 의지해야 한다.
- 복음을 전할 때 간절하게 성령의 능력을 의지하고 있는가?
- 성령을 의지했을 때 경험한 일이 있다면 말해보라.

> 복음의 특권은 나눔을 전제로 주어진다
>                                    윌리엄 바클레이

**5** 데살로니가전서 2장 4절을 읽고, 바울이 복음을 효과적으로 증거할 수 있었던 이유를 말해보라.

"오직 하나님께 옳게 여기심을 입어 복음을 위탁 받았으니 우리가 이와 같이 말함은 사람을 기쁘게 하려 함이 아니요 오직 우리 마음을 감찰하시는 하나님을 기쁘시게 하려 함이라."

- 바울은 자신이 복음을 위탁받은 자임을 확신했다.
- 마음을 살피시는 하나님을 기쁘시게 해드리는 데 힘썼다.

▶ 복음을 전파해야 하는 이유는 무엇인가? 본문 말씀에 따라 답해보라.

**6** 오늘 말씀에서 느낀 점과 결단한 점을 말하고 합심해서 기도하자.

삶 에 서 말 씀 녹 여 내 기

∞ 성구 암송    고린도전서 2:4
"내 말과 내 전도함이 설득력 있는 지혜의 말로 하지 아니하고 다만 성령의 나타나심과 능력으로 하여."
∞ 큐티    사도행전 9:19-25
∞ 독서 과제
∞ 생활 과제    전도 대상자 한 사람을 섬기고 사례를 구체적으로 써 오기
∞ 성경 읽기

전도자는 십자가의 사랑을 기억하고 영혼을 사랑하는 마음으로 복음을 전해야 한다. 영혼 사랑의 마음을 지닌 자라야 예수님의 제자라고 할 수 있다. 우리의 착한 행실은 복음 전도의 강력한 도구가 된다. 삶으로 그리스도의 사랑을 나타내고 입술로 복음을 전할 때 효과적인 전도의 열매를 맺을 수 있다. 그러므로 그리스도인이라면 누구나 믿지 않는 자들에게 복음을 전할 준비가 되어 있어야 한다.

# 복음 전파에 대한 기대

## 도입

우리가 복음을 전하여 영혼들이 주님께 돌아오면, 우리 개인이, 가정이 그리고 더 나아가 우리가 살고 있는 지역이 변할 것이다. 우리가 복음을 전하려는 대상 중에서 베드로 같은 주님의 제자가 나올 수도 있다고 생각해보라. 이는 얼마나 대단한 일인가! 그래서 우리는 복음 전파를 통해 일어날 일을 기대하지 않을 수가 없다.

## 적용

**1** 에베소서 1장 13절에서 얻을 수 있는 교훈을 살펴보자.

"그 안에서 너희도 진리의 말씀 곧 너희의 구원의 복음을 듣고 그 안에서 또한 믿어 약속의 성령으로 인치심을 받았으니."

**1** 본문 말씀을 자신의 말로 쉽게 표현해보라.

"복음을 듣고 믿었을 때, 하나님은 그 표시로 우리에게 약속하신 성령을 보내 주신다."

**2** 본문을 보고 느낀 점을 말해보라.

- 우리가 복음을 통해 구원받은 자임을, 하나님의 자녀가 되었음을 성령의 인치심으로 확증해주셨다.
- 우리가 구원의 복음을 전할 때 성령님을 통해 우리와 같은 믿음을 가진 사람이 많이 나올 것이다.

## 2  빌립보서 1장 27절에서 얻을 수 있는 교훈을 살펴보자.

"오직 너희는 그리스도의 복음에 합당하게 생활하라 이는 내가 너희에게 가 보나 떠나 있으나 너희가 한마음으로 서서 한뜻으로 복음의 신앙을 위하여 협력하는 것과."

**1** 성도들에게 복음에 합당한 생활이란 무엇인가?

- 하나님께 영광 돌리는 삶을 말한다.

▶ 예수님을 믿은 후 하나님께 영광 돌리는 삶이란 어떤 것인가?
구체적인 예를 들어 말해보라.

**2** 사도 바울이 듣고 싶어 한 소식은 무엇인가?

- 사도 바울은 자신이 어디 있든지 믿는 지체들이 한마음과 한뜻으로 복음 전파를 위해 합심한다는 소식을 듣기 원했다.

▶ 복음 전파를 위해 공동체 안에서 합심하고 있는가?
한마음 한뜻으로 합심하기 위해 어떤 노력을 기울이는가?

## 3  디모데후서 4장 2절에서 깨달을 수 있는 두 가지를 말해보라.

"너는 말씀을 전파하라 때를 얻든지 못 얻든지 항상 힘쓰라 범사에 오래 참음과 가르침으로 경책하며 경계하며 권하라."

1. 지체하지 말고 복음을 전해야 한다.
   - 복음 전파는 생명에 관한 문제이기에 느긋하게 전할 수 없다. 기회가 닿을 때마다 지체하지 말고 복음을 전해야 한다.
   - 복음은 시간을 다툴 만큼 너무나 중요한 사역이다.
2. 복음을 전한 후 열매를 보기까지 인내가 필요하다.
   - 복음을 전한 후에도 가르치고 격려하며 잘못을 바로잡아주어야 하기 때문이다. 한 사람을 제자로 세우는 일은 이렇게 공이 많이 들어간다.

**4** 데살로니가후서 1장 8절을 읽고, 느낀 점을 말해보라.

"하나님을 모르는 자들과 우리 주 예수의 복음에 복종하지 않는 자들에게 형벌을 내리시리니."

- 믿지 않는 자(하나님을 알려고 하지 않는 자)에게는 형벌이 있다.

▶ 믿지 않는 자들을 보면 어떤 마음이 드는지 솔직하게 말해보라.
   - 사랑하는 형제와 친구들이 복음을 받아들이도록 간절하게 기도하고, 복음을 전해야 한다.

> 주여, 저에게 스코틀랜드를 주십시오. 아니면 저를 데려가십시오.    존 녹스 _종교 개혁자_

**5** 사도행전 4장 31절에서 얻을 수 있는 교훈을 말해보라.

"빌기를 다하매 모인 곳이 진동하더니 무리가 다 성령이 충만하여 담대히 하나님의 말씀을 전하니라."

- 제자들이 기도를 마친 후 성령으로 충만해져서 하나님의 말씀을 담대하게 전했다는 말씀이다(성령 충만이란 성령의 인도를 온전히 받는 것을 말한다).

- 전도를 위해서는 기도가 필요하다(본인 기도, 합심 기도, 기도 후원자 등).
- 복음을 증거할 때 항상 성령을 의지해야 한다.

**6** 오늘 말씀에서 느낀 점과 결단한 점을 말하고 합심해서 기도하자.

삶 에 서 말 씀 녹 여 내 기

∞ 성구 암송  디모데후서 4:2
"너는 말씀을 전파하라 때를 얻든지 못 얻든지 항상 힘쓰라 범사에 오래 참음과 가르침으로 경책하며 경계하며 권하라."

∞ 큐티  누가복음 15:1-7
∞ 독서 과제  『전도를 즐기는 삶』(하진승, 네비게이토)
∞ 생활 과제  지금까지 복음을 전해 예수 믿게 된 지체는 몇 명인지와 그들의 근황 적어오기
∞ 성경 읽기

사도 바울은 성도들이 어디에 있든지 한마음으로 복음 전파를 위해 합심한다는 소식을 듣기 원했다. 그리고 복음 전파는 미룰 수 없는 시급한 일이기에 기회가 되었을 때 지체하지 말고 전해야 한다고 강조했다. 그렇다. 복음 전파는 시간을 다툴 만큼 시급하고 중요한 사역이다. 우리 주변에 복음을 듣지 못하고 세상을 떠나는 사람을 보며 안타까워하지 말고 오늘 다가가 복음을 전하자.

3단원

하나님을
경험하는
제자

# 순종 1
___ 순종의 자세

## 도입

순종은 믿음이 있는 자에게서 볼 수 있는 모습이다. 진정으로 믿는 사람이 그가 믿는 대상에 순종하는 것은 자연스러운 일이기 때문이다. 한편 순종하는 사람에게 중요한 것은 자세다. 순종하는 자는 자세부터가 다를 수밖에 없다. 순종은 헬라어로 '휘파쿠오'라고 하는데 이 단어는 노예가 주인의 말에 귀 기울이는 자세를 나타낸다. 우리가 순종하는 하나님은 먼저 우리의 자세를 보신다. 순종하는 사람이 마땅히 갖추어야 할 자세가 무엇인지 자세히 살펴보고, 순종의 복을 누리도록 하자.

## 적용

**1** 우리가 하나님께 순종해야 할 이유를 요한계시록 4장 11절에서 살펴보자.

"우리 주 하나님이여 영광과 존귀와 권능을 받으시는 것이 합당하오니 주께서 만물을 지으신지라 만물이 주의 뜻대로 있었고 또 지으심을 받았나이다 하더라."

- 주님의 뜻에 따라 온 세상이 창조되고 또한 존재하고 있기 때문이다.
- 피조물이 창조주에게 순종하는 것은 지극히 당연하다.

**2** 신명기 10장 12-13절을 읽고, 다음 질문에 답해보라.

"¹²이스라엘아 네 하나님 여호와께서 네게 요구하시는 것이 무엇이냐 곧 네 하나님 여호와를 경외하여 그의 모든 도를 행하고 그를 사랑하며 마음을 다하고 뜻을 다하여 네 하나님 여호와를 섬기고 ¹³내가 오늘 네 행복을 위하여 네게 명하는 여호와의 명령과 규례를 지킬 것이 아니냐."

**1** 하나님은 백성들에게 무엇을 원하시는가?

- 하나님은 우리가 그분을 경외하고, 그분의 명령을 행하기를 바라신다.
- 하나님은 우리가 그분을 사랑하고, 마음과 정성을 다해 섬기길 바라신다.

**2** 모든 도를 행해야 할 이유는 무엇인가?

- 자신의 행복을 위해서다.

**3** 요한일서 5장 3절에서 얻을 수 있는 교훈을 살펴보자.

"하나님을 사랑하는 것은 이것이니 우리가 그의 계명들을 지키는 것이라 그의 계명들은 무거운 것이 아니로다."

**1** 하나님의 계명을 지키는 것에는 어떤 의미가 있는가?

- 하나님을 사랑한다는 의미가 있다.

**2** 하나님은 우리에게 어떤 명령을 내리셨는가?

- 우리가 지킬 수 없을 만큼 힘든 것을 명령하시지는 않았다.

**4** 요한복음 14장 15절에서 얻을 수 있는 교훈을 살펴보자.

"너희가 나를 사랑하면 나의 계명을 지키리라."

❶ 하나님 말씀을 지키는 것 자체가 하나님을 사랑하는 것이라고 생각해본 적이 있는가?

❷ 하나님을 사랑해서 말씀을 지킨 경험이 있으면 나누어보라.

**5** 말씀을 지킬 때 어떤 자세로 지켜야 하는지 말해보라.

❶ 신명기 26:16

"오늘 네 하나님 여호와께서 이 규례와 법도를 행하라고 네게 명령하시나니 그런즉 너는 마음을 다하고 뜻을 다하여 지켜 행하라."

- 마음과 정성을 다해 말씀을 지켜야 한다.

❷ 사무엘상 15:22

"사무엘이 이르되 여호와께서 번제와 다른 제사를 그의 목소리를 청종하는 것을 좋아하심같이 좋아하시겠나이까 순종이 제사보다 낫고 듣는 것이 숫양의 기름보다 나으니."

- 하나님께 순종하는 것은 제사 이상의 가치가 있다.
- 하나님 말씀을 잘 듣는 것이 숫양의 기름을 바치는 것보다 낫다.

> 하나님을 사랑하고 있다는 가장 분명한 증거는 순종 그 이상도 이하도 아니다.
> 
> 찰스 스윈돌 강해 설교자

**6** 오늘 말씀에서 느낀 점과 결단한 점을 말하고 합심해서 기도하자.

∞ **성구 암송**    요한일서 5:3
"하나님을 사랑하는 것은 이것이니 우리가 그의 계명들을 지키는 것이라 그의 계명들은 무거운 것이 아니로다."

∞ **큐티**    창세기 12:1-4

∞ **독서 과제**    『겸손』(황영철, IVP)

∞ **생활 과제**    하나님께 순종하는 마음의 자세가 잘못되어 있다면 어떻게 고칠 것인지 결단하고 실천한 후 결과 적어 오기

∞ **성경 읽기**

---

하나님의 뜻에 따라 창조되고 존재하는 피조물인 우리가 창조주에게 순종하는 것은 지극히 당연하다. 하나님은 우리가 하나님을 경외하고, 명령하신 말씀을 지켜 행하기를 원하신다. 하나님을 사랑하고 마음과 정성을 다해 섬길 때 하나님이 주시는 행복을 누리며 살 수 있다. 하나님의 한없는 사랑에 어떻게 반응하고 있는가? 하나님의 말씀을 지키는 것이 하나님을 사랑하는 자의 태도임을 기억하자.

# 순종 2
## ___순종의 즐거움

**26/과**

## 도입

하나님이 요구하시는 순종에 어떤 태도로 임하느냐에 따라 순종을 즐겁게 할 수도 있고 짐으로 여길 수 있다. 순종을 하다 보면 하나님을 더 깊이 알게 되므로 성숙한 그리스도인이 될 수 있을 뿐만 아니라 순종 속에 하나님이 준비하신 수많은 보화가 있음을 알고 놀라지 않을 수 없다. 또한 근시안적인 사고에서 벗어나 보이지 않는 것까지도 확신할 수 있다. 그래서 순종하는 사람은 확신에 찬 삶을 살 수 있는 것이다.

## 적용

**1** **마태복음 7장 24-27절을 읽고, 다음 질문에 답해보라.**

"²⁴그러므로 누구든지 나의 이 말을 듣고 행하는 자는 그 집을 반석 위에 지은 지혜로운 사람 같으리니 ²⁵비가 내리고 창수가 나고 바람이 불어 그 집에 부딪치되 무너지지 아니하나니 이는 주추를 반석 위에 놓은 까닭이요 ²⁶나의 이 말을 듣고 행하지 아니하는 자는 그 집을 모래 위에 지은 어리석은 사람 같으리니 ²⁷비가 내리고 창수가 나고 바람이 불어 그 집에 부딪치매 무너져 그 무너짐이 심하니라."

**1** 본문 말씀을 자신의 말로 쉽게 표현해보라.

"말씀을 듣고 순종하는 사람은 바위 위에 집을 짓는 사람처럼 지혜롭다. 그 집은 비바람이 몰아치고 홍수가 나도 무너지지 않을 것이다. 그러나 말씀을 듣고도 행하지 않는 어리석은 사람은 모래 위에 집을 짓는 사람과 같다. 비바람이 치고 홍수가 나면 그 집은 쉽게 무너지고, 그 무너짐이 심하여 회복하기 어렵다."

**2** 나는 어디에 집을 짓고 있는가?

- 말씀을 대하는 자세에 따라 내가 어디에 집을 짓고 있는지가 결정된다.
- 말씀을 듣고 행하면 반석 위에 집을 짓는 셈이고, 행하지 않으면 모래 위에 집을 짓는 것과 같다.

**3** 집을 반석 위에 지은 것과 모래 위에 지은 것의 결과는 어떻게 다른가?

- 반석 위에 집을 지으면 어떤 어려움이 와도 흔들리지 않는다.
- 모래 위에 집을 지으면 조그만 바람에도 무너져 그 결과가 비참하게 된다.

**4** 평소 말씀에 대한 자세가 미래를 결정한다. 나는 어떤 집을 짓고 있는가? 다시 말해 지금 내가 말씀을 대하는 자세는 어떠한가? 솔직하게 나누어보라.

## 2 요한복음 14장 21절에서 얻을 수 있는 교훈을 살펴보자.

"나의 계명을 지키는 자라야 나를 사랑하는 자니 나를 사랑하는 자는 내 아버지께 사랑을 받을 것이요 나도 그를 사랑하여 그에게 나를 나타내리라."

- 계명을 잘 지키는 자는 하나님의 사랑을 받는다.
- 계명을 잘 지키면 주님이 내 삶의 현장에 오셔서 일하심을 경험하게 된다.

**3** 시편 40편 8절을 읽고, 다음 질문에 대답해보라.

"나의 하나님이여 내가 주의 뜻 행하기를 즐기오니 주의 법이 나의 심중에 있나이다 하였나이다."

**1** 이 말씀에서 얻을 수 있는 교훈은 무엇인가? 그 교훈을 통해 내가 결단해야 할 두 가지는 무엇인가?

- 주의 뜻 행하기를 즐겨야 한다.
- 주의 법을 마음 가운데 두어야 한다.

**2** 주의 뜻을 어떤 마음으로 행하는가?

**3** 주의 뜻을 항상 내 마음에 두기 위해 어떤 노력을 하는가?

- 큐티의 생활화
- 규칙적인 말씀 암송과 성경 읽기

**4** 누가복음 8장 15절을 읽고, 다음 질문에 대답해보라.

"좋은 땅에 있다는 것은 착하고 좋은 마음으로 말씀을 듣고 지키어 인내로 결실하는 자니라."
"좋은 땅에 떨어진 것은 정직하고 선한 마음으로 하나님의 말씀을 듣고 그 말씀을 굳게 지켜서 좋은 열매를 맺는 사람들이다"(쉬운성경).

**1** 나의 마음 밭은 어때야 하는가?

- 옥토와 같은 마음, 즉 좋은 땅이 되어야 한다.
- 말씀을 듣기만 하고 지키지는 않아 무감각하게 굳은 마음은 아닌지 점검해 봐야 한다.

**2** 좋은 열매를 맺기 위해서는 어떻게 해야 하는가?

- 인내하며 말씀을 지키면 좋은 열매를 맺는다.

> 거룩한 진보를 이루려면 '승리나 패배'가 아닌 '순종이나 불순종'이라는 말을 사용해야 한다.
>
> 제리 브리지스 네비게이토 선교회 간사, 저자

**5** 오늘 말씀에서 느낀 점과 결단한 점을 말하고 합심해서 기도하자.

### 삶에서 말씀 녹여내기

- **성구 암송** 요한복음 14:21
  "나의 계명을 지키는 자라야 나를 사랑하는 자니 나를 사랑하는 자는 내 아버지께 사랑을 받을 것이요 나도 그를 사랑하여 그에게 나를 나타내리라."
- **큐티** 이사야 1:18-20
- **독서 과제** 『순종의 축복』(마르다 대처, 네비게이토 역간)
- **생활 과제** 한 주간 말씀을 순종하며 경험한 것 적어 오기
- **성경 읽기**

말씀을 듣고 행하는 자는 어떤 어려움이 와도 흔들리지 않는다. 그러나 평소에 불순종하는 자는 조그만 어려움에도 무너져 그 결과가 비참하게 된다. 평소 말씀에 대한 자세가 미래를 결정하는 것이다. 말씀에 순종하는 자는 주님이 삶의 현장에 오셔서 일하심을 경험한다. 말씀을 받고 순종하는 좋은 마음의 밭을 지닌 사람은 하나님의 사랑을 받아, 좋은 열매를 맺게 됨을 기억해야 한다.

# 순종 3
## ___순종의 결과

## 도입

순종하는 자는 순종을 머리로 하지 않고 행함으로 보여준다. 사실 순종을 하기 위해서는 자신과의 싸움에서 이겨야 하고 외부 환경을 극복해야 한다. 결국 인간적인 생각과 주변의 유혹을 극복하지 않고는 순종의 좋은 결과를 얻을 수 없다. 한편 순종은 내가 하나님과 올바른 관계를 맺고 있는가를 보여주는 지표라고 할 수 있다. 하나님의 사람들이 공통적으로 보인 특징은 바로 순종이었다. 그리고 하나님은 언제나 순종하는 자들과 함께 일하시고, 그들을 도우셨다.

## 적용

**1** 다음 성경구절에서 순종하기를 방해하는 것이 무엇인지 살펴보자.

**1** 야고보서 1:14

"오직 각 사람이 시험을 받는 것은 자기 욕심에 끌려 미혹됨이니."

- 시험은 마음에서부터 시작되기에 항상 마음을 살펴야 한다.
- 마음의 욕심 때문에 시험을 받아 불순종하기 때문이다.

### 2 요한일서 2:11

"그의 형제를 미워하는 자는 어둠에 있고 또 어둠에 행하며 갈 곳을 알지 못하나니 이는 그 어둠이 그의 눈을 멀게 하였음이라."

- 미움은 곧 불순종으로, 어둠에 거하게 한다.
- 어두움에 거하는 자는 계명을 지키지 않는 사람이다. 그의 불순종은 형제를 미워하는 것으로 나타난다.

## 2 순종의 결과에 대해 살펴보라.

### 1 요한복음 14:23

"예수께서 대답하여 이르시되 사람이 나를 사랑하면 내 말을 지키리니 내 아버지께서 그를 사랑하실 것이요 우리가 그에게 가서 거처를 그와 함께하리라."

- 예수님을 사랑하는 자는 하나님의 사랑을 받게 될 것이다. 또한 주님이 오셔서 그와 함께하실 거라고 말씀하셨다.
- 하나님에 대한 순종은 맹목적인 것이 아니다. 우리를 지극히 사랑하셔서 자신의 생명까지 주신 분께 우리는 순종하지 않을 수 없다.
- 우리를 죄에서 구원해주신 그 엄청난 사랑을 믿는가?
- 예수님이 우리 안에 계셔서 말씀으로 인도하고 계심을 믿는가?

▶ 지금까지 주님이 나에게 어떤 사랑을 베푸셨는지 나누어보라.

### 2 마태복음 12:50

"누구든지 하늘에 계신 내 아버지의 뜻대로 하는 자가 내 형제요 자매요 어머니이니라 하시더라."

- 하나님의 뜻에 순종하는 자는 누구나 형제자매가 된다. 즉 하나님의 영적인 가족이 된다는 뜻이다.

- 이 말씀을 들었던 제자들은 제자의 길(제자도)이 "하늘에 계신 내 아버지의 뜻대로 하는 [것]"임을 깨달았을 것이다.

▶ 나 같은 죄인이 하나님의 자녀가 될 수 있다는 사실을 알았을 때 어떤 느낌을 받았는가?

**3** 신명기 5:29

"다만 그들이 항상 이 같은 마음을 품어 나를 경외하며 내 모든 명령을 지켜서 그들과 그 자손이 영원히 복 받기를 원하노라."

- 하나님을 경외하며 그분의 모든 명령을 지키는 사람은 그의 자손이 영원히 복을 받을 것이다.

**4** 베드로전서 1:22

"너희가 진리를 순종함으로 너희 영혼을 깨끗하게 하여 거짓이 없이 형제를 사랑하기에 이르렀으니 마음으로 뜨겁게 서로 사랑하라."

- 순종하는 사람은 영혼이 깨끗하게 되어, 마음에서부터 우러나오는 진정한 사랑으로 형제를 대하게 된다.
- 순종하는 사람들이 모인 공동체(교회)는 형제 의식을 지닌 건강한 교회다.

## 3 로마서 5장 19절에서 얻을 수 있는 교훈을 말해보라.

"한 사람이 순종하지 아니함으로 많은 사람이 죄인 된 것같이 한 사람이 순종하심으로 많은 사람이 의인이 되리라."

- 순종은 많은 사람을 의인 되게 한다.
- 아담의 범죄와 대조적으로 예수님은 죽기까지 순종하심으로 많은 사람을 구원해주셨다.

▶ 나 한 사람이 순종하여 좋은 영향을 끼친 적이 있다면 나누어보라.

**4** 성경에 나오는, 하나님께 순종한 믿음의 사람을 살펴보자.

**1** 창세기 6:22

"노아가 그와 같이 하여 하나님이 자기에게 명하신 대로 다 준행하였더라."

- 노아 시대에 사람의 타락이 극심했으나 노아는 하나님이 명하신 것을 다 행했다.
- 노아는 480세에 대홍수 예언을 듣고 방주를 만들기 시작하여 홍수에 대비할 수 있었다. 그의 나이 600세에 대홍수가 일어났고, 220일 후 방주가 아라랏 산에 도착하자 그는 하나님께 감사 제사를 드렸다.

**2** 민수기 32:12

"그러나 그나스 사람 여분네의 아들 갈렙과 눈의 아들 여호수아는 여호와를 온전히 따랐느니라 하시고."

- 갈렙과 여호수아는 하나님의 말씀에 철저하게 순종하여 하나님을 만족시켜드렸다.
- 주위의 불신앙적 분위기에도 두 사람은 흔들리지 않고 하나님의 뜻을 따라 출애굽 1세대 중 유일하게 가나안 땅을 밟는 감격을 누렸다.
- 갈렙은 유다 지파의 족장으로 여호수아와 함께 가나안을 정탐한 뒤 이스라엘 백성에게 하나님의 언약을 상기시키며 가나안을 정복할 수 있다고 주장했다. 가나안에 들어간 뒤에는 그의 나이 85세에 장대한 아낙 자손을 상대로, 그들의 산지인 헤브론 땅을 앞장서서 정복했다.
- 여호수아는 모세의 후계자로 가나안을 정탐할 때 에브라임 지파를 대표하여 참가하여 믿음의 보고를 하였다. 그래서 그는 갈렙과 함께 가나안 땅에 들어갈 수 있었고, 가나안 정복 전쟁을 승리로 이끌었다. 그는 110세에 죽어 딤낫세라에 장사되었다.

> 권능은 하나님께 속해 있다. 우리가 그 권능을 받는 데는 조건이 하나 있다. 그 조건은 하나님에 대한 절대 순종이다.     R. A. 토레이

**5** 오늘 말씀에서 느낀 점과 결단한 점을 말하고 합심해서 기도하자.

### 삶 에 서 말 씀 녹 여 내 기

∞ **성구 암송**  요한복음 14:23
"예수께서 대답하여 이르시되 사람이 나를 사랑하면 내 말을 지키리니 내 아버지께서 그를 사랑하실 것이요 우리가 그에게 가서 거처를 그와 함께 하리라."

∞ **큐티**  사무엘상 23:1-5
∞ **독서 과제**  『하나님이 상 주시는 삶』(브루스 윌킨슨, 디모데 역간)
∞ **생활 과제**  아직 불순종하고 있는 것에 순종하고 그 결과 적어 오기
∞ **성경 읽기**

---

불순종하는 자는 사람과의 관계에서도 그렇게 한다. 형제를 미워하고 어두움에 거한다. 하나님에 대한 순종은 맹목적인 것이 아니다. 우리를 지극히 사랑하셔서 자신의 생명까지 주셨기에 우리는 그분께 순종하지 않을 수 없는 것이다. 하나님의 뜻에 순종하는 자는 누구나 하나님의 영적인 가족으로서의 특권을 누리게 된다. 한 사람의 순종이 그 사람이 속한 공동체(교회)를 형제 의식으로 채워 건강한 교회가 되게 하는 것이다.

# 예배 1
## ___ 예배자의 자세

### 도입

성도에게 가장 중요한 것은 바로 예배다. A. W. 토저<sup>A. W. Tozer</sup>는 "하나님은 일하는 사람보다 예배하는 사람을 먼저 찾으신다. 현대인은 예배를 잊어버리고 살지만 하나님은 예배하는 법을 모르는 일꾼을 기뻐하지 않으신다"라고 했다. 예수님을 믿어 하나님의 자녀가 되었다면 하나님께 예배드리는 것은 마땅한 도리라고 할 수 있다. 하나님은 예배를 우선하는 자에게 사랑을 베푸시기 때문이다.

### 적용

**1** 요한복음 4장 23-24절을 읽고, 느낀 점을 말해보라.

"²³아버지께 참되게 예배하는 자들은 영과 진리로 예배할 때가 오나니 곧 이때라 아버지께서는 자기에게 이렇게 예배하는 자들을 찾으시느니라 ²⁴하나님은 영이시니 예배하는 자가 영과 진리로 예배할지니라."

- 하나님은 일하는 자를 찾으시는 것이 아니라 예배자를 찾고 계신다.
- 먼저 예배하는 자가 된 다음에 일하는 자가 되어야 한다.
- 하나님이 예배를 사랑하신다는 사실을 알 수 있다.

**2** 마태복음 15장 7-9절을 읽고, 느낀 점을 말해보라.

"⁷외식하는 자들아 이사야가 너희에 관하여 잘 예언하였도다 일렀으되 ⁸이 백성이 입술로는 나를 공경하되 마음은 내게서 멀도다 ⁹사람의 계명으로 교훈을 삼아 가르치니 나를 헛되이 경배하는도다 하였느니라 하시고."

- 하나님은 예배를 받기에 합당하신 분이기에 예배는 하나님을 위한 것이 되어야 한다.
- 예수님은 마음에 없는 형식적이고 관습적인 예배를 책망하셨다.
- 예배에서 중요한 것은 겉으로 드러난 표현이나 행위가 아니라 하나님을 공경하는 마음이다.

**3** 시편 42편 1-2절에서 얻을 수 있는 교훈을 살펴보자.

"¹하나님이여 사슴이 시냇물을 찾기에 갈급함같이 내 영혼이 주를 찾기에 갈급하니이다 ²내 영혼이 하나님 곧 살아 계시는 하나님을 갈망하나니 내가 어느 때에 나아가서 하나님의 얼굴을 뵈올까."

**1** 1절을 보고 느낀 점을 말해보라.
- "하나님이여"는 하나님을 찾는 애끓는 탄식을 표현한 것이다.
- 예배자의 자세는 하나님을 만나고자 하는 열망에서부터 시작되어야 한다.

**2** 2절에는 어떤 의미가 있는가?
- "하나님을 갈망하나니 내가 어느 때에 나아가서 하나님의 얼굴을 뵈올까"의 뜻은 이스라엘 백성이 예루살렘 성소에 나아가 하나님을 경배하던 데서 나온 말로 하나님과의 교제로 얻게 될 하나님의 은총을 의미한다.

**3** 예배자의 마음은 어떤 것이어야 할까?
- 기대하지도 않고 간절함도 없는 예배로는 하나님의 임재를 경험할 수 없다.

**4** 역대하 5장 13-14절에서 알 수 있는 의미를 살펴보자.

"¹³나팔 부는 자와 노래하는 자들이 일제히 소리를 내어 여호와를 찬송하며 감사하는데 나팔 불고 제금 치고 모든 악기를 울리며 소리를 높여 여호와를 찬송하여 이르되 선하시도다 그의 자비하심이 영원히 있도다 하매 그때에 여호와의 전에 구름이 가득한지라 ¹⁴제사장들이 그 구름으로 말미암아 능히 서서 섬기지 못하였으니 이는 여호와의 영광이 하나님의 전에 가득함이었더라."

**1** 예배에 빠져서는 안 되는 것이 찬송이다. 13절에 나오는 찬송에 대해 느낀 점이 있다면 말해보라.

- 찬송하는 자들이 온 마음을 다해 여호와를 찬송하며 감사하고 있다.

**2** 찬송이 중요한 이유는 무엇일까?

- 찬송의 목적은 하나님을 높이며 그분께 영광 돌리는 것으로, 예배의 목적과 일치하기 때문이다.

**3** "여호와의 영광이 하나님의 전에 가득함이었더라"는 무엇을 의미하는가?

- 하나님의 임재하심을 나타낸다.
- 온 마음을 다해 찬송하고 감사하는 예배에 하나님이 임재하신다는 사실을 기억해야 한다.

▶ 예배(찬송)드리는 태도 가운데 고쳐야 할 점은 무엇인가?

> 예배란 우리가 하나님의 가치가 내뿜는 찬란한 광채를 받아 기쁜 마음으로 하나님께 다시 반사해 돌려드리는 한 가지 방법이다.       존 파이퍼 목사

**5** 오늘 말씀에서 느낀 점과 결단한 점을 말하고 합심해서 기도하자.

### 삶 에 서  말 씀  녹 여 내 기

∞ **성구 암송**  요한복음 4:23
"아버지께 참되게 예배하는 자들은 영과 진리로 예배할 때가 오나니 곧 이 때라 아버지께서는 자기에게 이렇게 예배하는 자들을 찾으시느니라."

∞ **큐티**  이사야 1:11-17

∞ **독서 과제**

∞ **생활 과제**  예배자로서 고쳐야 할 자세와 예배 자세를 바꾼 후 변화된 것 적어 오기

∞ **성경 읽기**

---

하나님은 진정한 예배자를 찾고 계신다. 먼저 예배하는 자가 되고 그다음에 일하는 자가 되어야 한다. 하나님은 마음 없이 형식적으로 드리는 예배를 좋아하지 않으신다. 예배자의 자세는 하나님을 만나고자 하는 열망에서부터 시작되어야 한다. 기대하지도 않고 간절함도 없는 예배에서 하나님의 임재를 경험할 수 없다. 온 마음을 다해 찬송하고 감사하는 예배에 하나님이 임재하신다는 사실을 기억하라.

## 29과

# 예배 2
## ___예배와 삶

### 도입

하나님이 예배하라고 명령하셨으므로 우리는 삶에서 예배를 우선해야 한다. 그리고 마음으로부터 우러나와 행동으로 옮긴 예배를 드리는 것이 중요하다. A. W. 토저는 예배에 대해 의미 있는 말을 했다. "우리의 전 인격을 다 바쳐 예배하지 않으면 우리 예배가 온전한 것이 되지 못한다. 신앙, 사랑, 순종, 충성, 고결한 행위와 삶…. 우리는 이런 것을 모두 번제로 드려 하나님을 예배해야 한다."

### 적용

**1**  히브리서 12장 28절을 읽고, 다음 질문에 답해보라.

"그러므로 우리가 흔들리지 않는 나라를 받았은즉 은혜를 받자 이로 말미암아 경건함과 두려움으로 하나님을 기쁘시게 섬길지니."

**❶ 본문 말씀을 자신의 말로 쉽게 표현해보라.**

"흔들리지 않는 나라를 받은 우리는 하나님께 감사하고, 경건함과 두려움으로 예배드려 하나님을 기쁘시게 해드려야 한다."

**2** "흔들리지 않는 나라"는 무엇을 말하는가?
- 이 세상이 끝나는 날에 주어질 하나님의 나라를 의미한다.
- 성도들은 곧 천국을 선물로 받았다.

**3** 성도들은 어떤 자세를 취해야 하는가?
- '경건함'에 해당하는 헬라어에는 '경외함'이란 의미도 있다.
- '두려움'에 해당하는 헬라어는 공포심이 아니라 존중심을 뜻한다.
- 하나님께 감사, 경외함, 존중함으로 예배드려야 한다.
- 예배는 성도의 당연한 의무로 절대 소홀히 해서는 안 된다.

## 2 로마서 12장 1절에서 얻을 수 있는 교훈을 살펴보라.

"그러므로 형제들아 내가 하나님의 모든 자비하심으로 너희를 권하노니 너희 몸을 하나님이 기뻐하시는 거룩한 산 제물로 드리라 이는 너희가 드릴 영적 예배니라."

**1** 하나님께 제물로 드려지는 것은 어떤 것이어야 하는가?
- 가장 좋고 깨끗한 것이어야 한다.
- 성도들은 자신의 몸을 제물로 하나님께 드려야 한다.
- 제물 된 성도는 삶 전체로 하나님을 예배해야 한다.

**2** '제물은 하나님께 드려진다.' 이 사실이 의미하는 바는 무엇일까?
- 제물 된 성도는 이렇게 고백해야 한다. "저는 주님의 것입니다. 제가 어디를 가든지 무엇을 하든지 저는 주님의 것입니다."

## 3 제물 된 성도는 어떻게 살아야 할까? 다음 성경구절을 보며 생각해보자.

**1** 고린도전서 10:31

"그런즉 너희가 먹든지 마시든지 무엇을 하든지 다 하나님의 영광을 위하여 하라."

- 모든 일을 주의 영광을 위해서 해야 한다.
- 삶으로 예배드리는 자는 어디서든(직장에서나 가정에서나) 하나님의 영광을 위해 일해야 한다.

**2** 골로새서 3:23

"무슨 일을 하든지 마음을 다하여 주께 하듯 하고 사람에게 하듯 하지 말라."

**4** 시편에 나오는 예배자에 대해 살펴보자.

**1** 시편 9:2

"내가 주를 기뻐하고 즐거워하며 지존하신 주의 이름을 찬송하리니."

- 예배자는 기쁨과 즐거움으로 하나님을 찬송해야 한다.
- 예배자는 그의 삶도 밝아야 하고, 밝은 모습으로 예배드려야 한다.

**2** 시편 111:1

"할렐루야, 내가 정직한 자들의 모임과 회중 가운데에서 전심으로 여호와께 감사하리로다."

- 예배자는 하나님께 전심으로 감사해야 한다.
- 감사 없이 드리는 예배는 예배라고 할 수 없다.

**3** 예배의 분위기는 어떠해야 하는가?

- 예배 분위기가 밝아야 한다.
- 자신의 감정을 자유롭게 표현할 수 있는 분위기여야 한다.

▶ 내가 지금 드리고 있는 예배가 너무 어둡지는 않은가?
가벼운 예배나 가장된 밝음이 느껴지는 예배들 드리라는 말은 아니다.

> 기독교는 감사의 종교다. 성경에는 '감사, 찬송 또는 할렐루야'라는 말로 가득 차 있다. 예배의 동기도 감사에 있는 것이다.
> 한경직 영락교회 목사

**5** 오늘 말씀에서 느낀 점과 결단한 점을 말하고 합심해서 기도하자.

삶 에 서 말 씀 녹 여 내 기

- 성구 암송　로마서 12:1
"그러므로 형제들아 내가 하나님의 모든 자비하심으로 너희를 권하노니 너희 몸을 하나님이 기뻐하시는 거룩한 산 제물로 드리라 이는 너희가 드릴 영적 예배니라."
- 큐티　창세기 12:6-9
- 독서 과제　『그리스도인의 삶의 올바른 동기』(하진승, 네비게이토)
- 생활 과제　삶의 예배를 드리기 위해 삶의 현장에서 실천한 일 적어 오기
- 성경 읽기

우리는 하나님께 감사하고 경건함과 두려움으로 예배드리며 하나님을 기쁘시게 해드려야 한다. 천국을 선물로 받은 자에게 예배는 당연한 의무이기에 우리는 예배를 소홀히 여겨서는 안 되며 우리 몸을 제물로 하나님께 드려야 한다. 또한 삶 전체로 하나님께 예배드려야 한다. 그뿐 아니라 어떤 일을 하든지 하나님의 영광을 위해서 해야 한다. 하나님의 영광을 위해 기쁨과 즐거움으로 하나님을 찬송하는 예배자의 삶은 언제나 밝고 감사가 넘치는 삶이 될 것이다.

# 예배 3
## ___예배와 믿음의 사람들

## 도입

예배자는 하나님께 마음과 정성을 다해 예배드려야 한다. 믿음의 사람들은 예배자였다. 그들은 삶의 모든 문제를 하나님 앞에서 해결받기를 원했고, 하나님께 감사하는 예배의 삶을 살았다. 믿음의 사람들이 드렸던 예배에 대해 살펴보자.

## 적용

**1** 믿음의 사람들이 드렸던 예배에 대해 살펴보자.

**① 아브라함: 창세기 12:7-8**

"⁷여호와께서 아브람에게 나타나 이르시되 내가 이 땅을 네 자손에게 주리라 하신지라 자기에게 나타나신 여호와께 그가 그곳에서 제단을 쌓고 ⁸거기서 벧엘 동쪽 산으로 옮겨 장막을 치니 서쪽은 벧엘이요 동쪽은 아이라 그가 그곳에서 여호와께 제단을 쌓고 여호와의 이름을 부르더니."

- 하나님이 가나안 땅을 주시겠다고 약속하셨다.
- 아브라함이 벧엘 동쪽 산에 제단을 쌓고 "여호와의 이름을 [불렀다]"는 것은 하나님께 예배를 드렸음을 말한다.

### 2 이삭: 창세기 26:25

"이삭이 그곳에 제단을 쌓고, 여호와의 이름을 부르며 거기 장막을 쳤더니 이삭의 종들이 거기서도 우물을 팠더라."

- 이삭은 브엘세바에서 예배드리고 장막을 치며 우물을 팠다.

### 3 야곱: 창세기 35:1

"하나님이 야곱에게 이르시되 일어나 벧엘로 올라가서 거기 거주하며 네가 네 형 에서의 낯을 피하여 도망하던 때에 네게 나타났던 하나님께 거기서 제단을 쌓으라 하신지라."

- 하나님이 야곱에게 벧엘에서 예배드리라고 하셨다.
- 하나님은 믿음의 사람들이 예배자가 되길 원하신다.
- 야곱은 예배를 통해 지난날 베풀어주신 하나님의 은혜에 대한 감사와 찬양을 올려드렸을 것이다.

## 2 동방 박사의 예배에 대해 살펴보자.

### 1 마태복음 2:1-2

"¹헤롯 왕 때에 예수께서 유대 베들레헴에서 나시매 동방으로부터 박사들이 예루살렘에 이르러 말하되 ²유대인의 왕으로 나신 이가 어디 계시냐 우리가 동방에서 그의 별을 보고 그에게 경배하러 왔노라 하니."

- 동방 박사들은 유대인으로 나신 예수님께 경배드리기 위해 먼 길을 달려갔다.

### 2 마태복음 2:11

"집에 들어가 아기와 그의 어머니 마리아가 함께 있는 것을 보고 엎드려 아기께 경배하고 보배합을 열어 황금과 유향과 몰약을 예물로 드리니라."

- 동방 박사들은 예수님께 경배하며 정성껏 준비한 예물을 드렸다.
- 그들이 준비한 예물은 가장 값진 것이었다.

> 하나님을 먼저 사랑하라. 그리고 하고 싶은 일을 하라.  아우구스티누스 초기 기독교 교부

**3** 시편 96편 8절에서 얻을 수 있는 교훈은 무엇인가?

"여호와의 이름에 합당한 영광을 그에게 돌릴지어다 예물을 들고 그의 궁정에 들어갈지어다."

- 하나님의 이름에 알맞은 영광을 돌리고, 예물을 들고 궁정에 들어가라고 하신다.

▶ 내가 예배 시 준비하는 예물이 하나님께 합당한 것이라고 생각하는가?

**4** 출애굽기 20장 24절을 읽고, 느낀 점을 말해보라.

"내게 토단을 쌓고 그 위에 네 양과 소로 네 번제와 화목제를 드리라 내가 내 이름을 기념하게 하는 모든 곳에서 네게 임하여 복을 주리라."

- 하나님은 예배자에게 오셔서 복을 주시겠다고 약속하셨다.
- 하나님께 진정으로 예배드리는 장소가 복된 곳임을 알 수 있다.

**5** 오늘 말씀에서 느낀 점과 결단한 점을 말하고 합심해서 기도하자.

삶 에 서 말 씀 녹 여 내 기

∞ 성구 암송　**시편 96:8**
"여호와의 이름에 합당한 영광을 그에게 돌릴지어다 예물을 들고 그의 궁정에 들어갈지어다."
∞ 큐티　히브리서 11:1-4
∞ 독서 과제　『그리스도인의 권리포기』(김원호, 예수전도단)
∞ 생활 과제　예배 시간 10분 전에 와서 앞자리에서 예배드린 후 느낀 점 기록해 오기
∞ 성경 읽기

믿음의 사람들은 예배를 우선순위에 두었다. 아브라함, 이삭, 야곱은 예배를 통해 삶의 인도자가 하나님이심을 고백했다. 그리고 하나님의 은혜에 감사하며 찬양을 올려드렸다. 동방 박사들은 예수님께 경배드리기 위해 정성껏 준비한 예물을 가지고 먼 길을 달려왔다. 우리는 하나님의 이름에 합당한 영광을 돌려드려야 한다. 하나님은 진정으로 예배하는 자에게 오셔서 복을 주겠다고 약속하셨다.

## 31과

# 예배 4
## ___ 찬양

### 도입

다윗은 나라를 다스리는 왕이었지만 그의 평생 하나님을 찬양하는 시를 많이 썼다. 이는 그가 하나님을 찬양한 예배자였음을 잘 보여준다. 시편은 1편의 '복 있는 사람'으로 시작된 시편은 150편에서 '하나님 찬양'으로 끝을 맺고 있다. 시편을 통해 찬양에 대해 구체적으로 배울 수 있다. 진정한 예배자는 찬양하는 사람이다. 시편을 통해 찬양에 대해 함께 공부해보자.

### 적용

**1** 시편 148편 11-13절을 읽고, 다음 질문에 답해보라.

"¹¹세상의 왕들과 모든 백성들과 고관들과 땅의 모든 재판관들이며 ¹²총각과 처녀와 노인과 아이들아 ¹³여호와의 이름을 찬양할지어다 그의 이름이 홀로 높으시며 그의 영광이 땅과 하늘 위에 뛰어나심이로다."

■ 11-12절에서는 무엇을 말씀하고 있는가?

- 하나님을 찬양해야 하는 사람은 정해져 있지 않다. 세상의 왕들과 땅에 있는 고관들과 재판관들이 모두 찬양해야 한다. 그뿐만 아니라 청년과 처녀, 노인과 어린이도 주를 찬양해야 한다.
- 하나님 앞에서는 누구나 예외 없이 그분을 찬양해야 한다.
- 세상 지위의 높고 낮음을 막론하고 하나님을 찬양해야 한다.

▶ 나의 지위나 현재 상태가 하나님을 찬양하는 데 영향을 끼치지는 않는가?

**2** 13절을 보고 모든 피조물이 하나님을 찬양해야 할 이유를 말해보라.

- 하나님은 창조자시고 주권자시며 탁월하시고 위대하신 분이기 때문이다.

## 2 시편 149편 1-3절을 읽고, 다음 질문에 답해보라.

"¹할렐루야 새 노래로 여호와께 노래하며 성도의 모임 가운데에서 찬양할지어다 ²이스라엘은 자기를 지으신 이로 말미암아 즐거워하며 시온의 주민은 그들의 왕으로 말미암아 즐거워할지어다 ³춤추며 그의 이름을 찬양하며 소고와 수금으로 그를 찬양할지어다."

**1** 1절에서 "새 노래로 여호와께 노래하[는 자]"는 누구를 가리키는가? 이 말씀에서 하나님을 향한 자세가 어떠해야 한다고 말하는가?

- 말씀이 가리키는 자는 구원받은 성도다.
- 새 노래란 성도들이 하나님께 부르는 감사와 기쁨의 노래다.
- 성도들은 모임 가운데서 하나님을 찬양해야 한다.

**2** 3절에서 "춤추며 그의 이름을 찬양해[라]"는 어떤 의미인가?

- 히브리인들의 예배 의식에서 최고의 기쁨을 표현한 것이다.

▶ 예배를 통해 어떻게 하나님께 기쁨을 표현하고 있는가?

**3** 시편 150편 1-6절에서 얻을 수 있는 교훈을 살펴보자.

"¹할렐루야 그의 성소에서 하나님을 찬양하며 그의 권능의 궁창에서 그를 찬양할지어다 ²그의 능하신 행동을 찬양하며 그의 지극히 위대하심을 따라 찬양할지어다 ³나팔 소리로 찬양하며 비파와 수금으로 찬양할지어다 ⁴소고 치며 춤추어 찬양하며 현악과 퉁소로 찬양할지어다 ⁵큰 소리 나는 제금으로 찬양하며 높은 소리 나는 제금으로 찬양할지어다 ⁶호흡이 있는 자마다 여호와를 찬양할지어다 할렐루야."

**1** 1절에서 얻는 의미를 자신의 말로 쉽게 요약하고 나누어보라.

- 하나님을 주의 성전과 주의 크신 하늘에서 찬양하라.
- 어디서나 하나님을 찬양하라는 뜻으로 하나님의 은총이 임하지 않는 곳이 없기 때문이다.

**2** 2절에서 하나님을 찬양해야 할 이유를 말해보라.

- 하나님이 행하신 능력과 하나님의 위대하심(뛰어나심)을 찬양해야 한다.

▶ 하나님이 나에게 행하신 능력에 대해 말해보라.

▶ 감사할 사건이 없어도 하나님을 찬양해야 한다. 나의 삶 가운데서 하나님의 성품을 체험했거나 하나님이 나의 하나님 되심으로 찬양해본 적이 있다면 나누어보라.

**3** 3-4절을 보고 느낀 점을 말해보라.

- 하나님은 다양한 악기로 찬양하고, 춤추며 찬양하라고까지 말씀하셨다. 이는 하나님께 적극적으로 기쁨을 표현하라는 의미다.

▶ 춤추며 찬양하지 못할 이유는 무엇인가?

**4** 6절에서 "호흡이 있는 자마다 여호와를 찬양[하라]"는 말씀은 시편의 결론이라고 할 수 있다. 이 말씀에서 얻는 의미를 말해보라.

- 숨 쉬는 모든 생명체는 하나님을 찬양해야 한다는 말씀으로, 구원받은 성도는 마땅히 하나님을 찬양해야 한다는 의미다.

▶ 찬양하는 사람의 모습에서 그 사람이 받은 은혜의 정도를 알 수 있다. 그 사람이 은혜 가운데 거하는지, 은혜가 메마른 갈급한 상태인지를 알 수 있는 것이다. 내가 하나님께 드리는 찬양은 어떠한가? 나는 과연 샘솟는 은혜에 감격하여 찬양을 드리고 있는가?

> 기쁨에 사로잡혀서 찬양하고 송축하며 예배하는 영혼들을 통해 하나님은 그분의 일을 하신다. 따라서 예배자가 해낸 일은 영원하다.    A. W. 토저 설교가, 저자

**4** 오늘 말씀에서 느낀 점과 결단한 점을 말하고 합심해서 기도하자.

삶 에 서 말 씀 녹 여 내 기

- ∞ 성구 암송    시편 150:6
  "호흡이 있는 자마다 여호와를 찬양할지어다 할렐루야."
- ∞ 큐티    느헤미야 8:1-6
- ∞ 독서 과제
- ∞ 생활 과제    예배에 대해 공부한 후 변화된 점을 기록해 오기
- ∞ 성경 읽기

하나님을 찬양해야 하는 사람은 정해져 있지 않다. 세상 지위의 높고 낮음을 떠나 누구나 하나님을 찬양해야 한다. 하나님은 창조자요 주권자이시며 탁월하시고 위대하신 분이기 때문이다. 찬양은 구원을 주신 하나님께 감사와 기쁨을 표현하는 것이다. 그러므로 우리는 진정으로 하나님을 찬양하고, 그분이 행하신 능력과 그분의 위대하심을 찬양해야 한다. 그리고 받은 구원으로 말미암아 마땅히 하나님을 찬양해야 한다.

# 32과 거룩함

## 도입

예수님은 주기도문에서 "거룩히 여김을 받으시오며"라고 기도하라고 가르쳐주셨다. 여기서 '거룩'의 원래 뜻은 '다르다, 구별되다'라는 뜻이다. 성도는 하나님이 불러주신 자로 구별된 사람이다. 하나님이 불러주신 구원받은 백성인 성도들이 거룩한 삶을 살기를 원하시는 것은 지극히 당연한 일이라 할 수 있다. 예수님을 인격적으로 영접한 성도는 주님 앞에 갈 때까지 구별된 자의 삶을 살아야 한다.

## 적용

**1** 고린도후서 7장 1절에서 알 수 있는 의미를 말해보라.

"그런즉 사랑하는 자들아 이 약속을 가진 우리는 하나님을 두려워하는 가운데서 거룩함을 온전히 이루어 육과 영의 온갖 더러운 것에서 자신을 깨끗하게 하자."

■ 본문 말씀을 자신의 말로 쉽게 표현해보라.

"우리는 약속을 받은 자들이기에 하나님을 두려워하는 마음으로 몸과 영혼을 더럽히는 모든 것에서 깨끗해야 한다."

**2** 고린도후서 6장 16-18절에서 알 수 있는, 하나님이 우리에게 주신 약속은 무엇인가?

"¹⁶하나님의 성전과 우상이 어찌 일치가 되리요 우리는 살아 계신 하나님의 성전이라 이와 같이 하나님께서 이르시되 내가 그들 가운데 거하며 두루 행하여 나는 그들의 하나님이 되고 그들은 나의 백성이 되리라 ¹⁷그러므로 너희는 그들 중에서 나와서 따로 있고 부정한 것을 만지지 말라 내가 너희를 영접하여 ¹⁸너희에게 아버지가 되고 너희는 내게 자녀가 되리라 전능하신 주의 말씀이니라 하셨느니라."

- 하나님은 그분의 백성인 우리 가운데 거하시고(16절), 우리를 영접하셨으며(17절), 우리의 아버지가 돼주신다(18절).

**3** 거룩한 생활을 하고자 힘쓰기 위해서는 어떻게 해야 하는가?

- 하나님을 두려워하고, 더러운 것에서 자신을 깨끗하게 해야 한다.

▶ 하나님을 경외하는 마음으로 죄를 이긴 경험이 있으면 말해보라.

---

## 2  데살로니가전서 4장 7-8절을 읽고, 다음 질문에 답해보라.

"⁷하나님이 우리를 부르심은 부정하게 하심이 아니요 거룩하게 하심이니 ⁸그러므로 저버리는 자는 사람을 저버림이 아니요 너희에게 그의 성령을 주신 하나님을 저버림이니라."

**1** 우리가 거룩하게 살아야 하는 이유는 무엇인가?

- 거룩은 하나님이 우리를 부르신 목적이기 때문이다.
- 하나님이 거룩함에 대한 강력한 의지를 보이셨기 때문이다.

**2** 우리가 거룩하게 살지 않으면 어떤 결과가 나타나는가?

- 성령을 주신 하나님의 명령을 거스르게 된다.

**3** 빌립보서 3장 12절에서 거룩함을 위한 자세에 대해 살펴보자.

"내가 이미 얻었다 함도 아니요 온전히 이루었다 함도 아니라 오직 내가 그리스도 예수께 잡힌바 된 그것을 잡으려고 달려가노라."

- 우리는 아직 하나님이 원하시는 모습으로 완성되지 못했기에 목표를 향해 열심히 달려가야 한다.
- 주님 앞에 갈 때까지는 완전해질 수 없다. 그러므로 최선을 다해 달려가야 한다.

**4** 우리가 거룩함을 위해 노력해야 할 이유를 다음 성경구절에서 살펴보자.

**1** 디모데후서 4:18

"주께서 나를 모든 악한 일에서 건져내시고 또 그의 천국에 들어가도록 구원하시리니 그에게 영광이 세세무궁토록 있을지어다 아멘."

- 주님이 나를 악한 일에서 구해주시고, 하늘나라에 안전하게 들어가게 하실 것이기에 거룩해지기 위해 더욱 노력해야 한다.

**2** 요한일서 3:2-3

"²사랑하는 자들아 우리가 지금은 하나님의 자녀라 장래에 어떻게 될지는 아직 나타나지 아니하였으나 그가 나타나시면 우리가 그와 같을 줄을 아는 것은 그의 참모습 그대로 볼 것이기 때문이니 ³주를 향하여 이 소망을 가진 자마다 그의 깨끗하심과 같이 자기를 깨끗하게 하느니라."

- 주님 앞에 설 그날을 소망으로 삼은 사람은 깨끗한 삶을 살아야 한다.
- 주님을 뵐 때 주님과 같이 된다는 놀라운 사실을 안 사람이 자신을 깨끗하게 준비하여 주님 앞에 서는 것은 지극히 당연한 일이다.

▶ 주님 앞에 설 그날을 생각하며 준비해야 할 것과 버릴 것에 대해 말해보라.

거룩함이란 하나님과의 사귐에서 오는 즐거운 결과다.                    아우구스티누스

**5** 오늘 말씀에서 느낀 점과 결단한 점을 말하고 합심해서 기도하자.

삶 에 서   말 씀   녹 여 내 기

∞ 성구 암송   고린도후서 7:1
"그런즉 사랑하는 자들아 이 약속을 가진 우리는 하나님을 두려워하는 가운데서 거룩함을 온전히 이루어 육과 영의 온갖 더러운 것에서 자신을 깨끗하게 하자."

∞ 큐티   창세기 39:7-10
∞ 독서 과제   『내 마음 그리스도의 집』(로버트 멍어, IVP 역간)
∞ 생활 과제   거룩한 자로 살기 위해 필요한 것과 방해되는 것을 찾아서 한 주간 노력하고 느낀 점을 기록해 오기
∞ 성경 읽기

우리는 하나님의 약속을 받은 자다. 하나님은 백성인 우리 가운데 거하신다. 그러므로 우리는 하나님을 두려워하는 마음으로 거룩한 생활을 하기 위해 힘써야 한다. 하나님이 우리를 부르신 목적은 거룩하게 하기 위해서다. 우리가 거룩하게 살기 위해 힘쓰지 않으면 하나님의 명령을 거스르는 것이 된다. 하나님이 거룩한 자로 불러주셨으니 그런 신분에 맞는 자로 살기 위해 거룩하게 사는 것은 당연한 일이다.

## 33과

# 주일

## 도입

카르타고 출신으로 기독교 저술가이자 신학자인 테르툴리아누스<sup>Tertullianus</sup>는 "진실된 그리스도인은 복음의 가르침에 따라 모든 죄악 된 생각을 내어버리고 모든 선행을 가슴속에 간직하며 이날에 이루어진 우리 주님의 부활을 영광스럽게 함으로써 주의 날을 지켜야 한다"라고 말했다. 이는 주의 날인 주일이 얼마나 중요한지를 알려준다. 주일은 안식일의 의미를 그대로 담고 있다. 이 시간 주일에 대한 하나님의 뜻을 살펴보자.

## 적용

**1** 다음 성경구절에서 발견할 수 있는 의미를 살펴보자.

**1** 창세기 2:2-3

"²하나님이 그가 하시던 일을 일곱째 날에 마치시니 그가 하시던 모든 일을 그치고 일곱째 날에 안식하시니라 ³하나님이 그 일곱째 날을 복되게 하사 거룩하게 하셨으니 이는 하나님이 그 창조하시며 만드시던 모든 일을 마치시고 그날에 안식하셨음이니라."

▶ 안식일을 정하신 목적이 무엇인지 말해보라.

- 안식일은 하나님의 창조를 기억하는 날이다.
- 하나님이 복 주신 날이다.
- 이날을 지킬 때 복된 자가 될 수 있다.
- 하나님이 창조 사역을 마치시고 안식하신 날이다.

### 2 이사야 56:2

"안식일을 지켜 더럽히지 아니하며 그의 손을 금하여 모든 악을 행하지 아니하여야 하나니 이와 같이 하는 사람, 이와 같이 굳게 잡는 사람은 복이 있느니라."

- 어떤 상황에도 안식일을 지키는 자는 복이 있다.
- 안식일을 지키는 자 중에 자녀를 생산하지 못하는 자에게는 영원토록 기억될 이름과 명성을 주신다(사 56:5). 이방인을 하나님의 백성으로 받아주신다(사 56:7).

## 2 다음 성경구절에서 발견할 수 있는 의미를 살펴보자.

### 1 민수기 15:32-36

"³²이스라엘 자손이 광야에 거류할 때에 안식일에 어떤 사람이 나무하는 것을 발견한지라 ³³그 나무하는 자를 발견한 자들이 그를 모세와 아론과 온 회중 앞으로 끌어왔으나 ³⁴어떻게 처치할지 지시하심을 받지 못한 고로 가두었더니 ³⁵여호와께서 모세에게 이르시되 그 사람을 반드시 죽일지니 온 회중이 진영 밖에서 돌로 그를 칠지니라 ³⁶온 회중이 곧 그를 진영 밖으로 끌어내고 돌로 그를 쳐 죽여서 여호와께서 모세에게 명령하신 대로 하니라."

▶ 하나님은 이스라엘 백성에게 안식일에 일한 자를 어떻게 하라고 하셨는가?

▶ 그렇게까지 벌을 내리신 이유가 무엇일까?

- 안식일을 철저하게 지키기를 원하시는 하나님의 마음을 알 수 있다.
- 모든 백성에게 안식일을 어긴 결과를 보여주심으로 하나님의 뜻을 알리셨다.

**3** 마가복음 2장 27절에서 얻을 수 있는 의미를 말해보라.

"또 이르시되 안식일이 사람을 위하여 있는 것이요 사람이 안식일을 위하여 있는 것이 아니니."

- 예수님이 바리새인들에게 하신 말씀으로 안식일은 사람을 위해 생긴 것이지 사람이 안식일을 위해 있는 것이 아님을 알려주셨다.
- 안식일이 사람에게 복된 날임을 알려주신 것이다.

**4** 사도행전 20장 7절에서 알 수 있는 사실을 말해보라.

"그 주간의 첫날에 우리가 떡을 떼려 하여 모였더니 바울이 이튿날 떠나고자 하여 그들에게 강론할새 말을 밤중까지 계속하매."

- 그 주간 첫날은 주일로 초대교회 성도들이 주일에 모여 예배드렸음을 알 수 있다.

**5** 안식일에 할 수 있는 일은 무엇인가?

**1** 마태복음 12:5

"또 안식일에 제사장들이 성전 안에서 안식을 범하여도 죄가 없음을 너희가 율법에서 읽지 못하였느냐."
"너희가 또한 안식일에 성전 안에서만큼은 제사장들이 안식일을 어겨도 죄가 되지 않는다는 것을 율법에서 읽어 보지 못하였느냐"(쉬운성경).

**2** 요한복음 9:14

"예수께서 진흙을 이겨 눈을 뜨게 하신 날은 안식일이라."

- 예수님이 진흙을 만들어 사람의 눈을 뜨게 해주신 날은 안식일이었다.

**6** 어떤 자세로 주일을 지켜야 하는지 다음 성경구절에서 살펴보자.

**1** 시편 118:24

"이날은 여호와께서 정하신 것이라 이날에 우리가 즐거워하고 기뻐하리로다."

▶ 주일을 지키는 자세에 대해 말해보라.

**2** 갈라디아서 5:13

"형제들아 너희가 자유를 위하여 부르심을 입었으나 그러나 그 자유로 육체의 기회를 삼지 말고 오직 사랑으로 서로 종노릇 하라."

— 구약 시대처럼 안식일을 어겼다고 당장 벌을 받지 않지만 주일을 소홀히 여기거나 주일 성수를 하지 않는 것을 합리화해서는 안 된다.

> 진실한 그리스도인은 복음의 가르침에 따라 모든 죄 된 생각을 버리고 선행을 하며, 주님의 부활을 영광스럽게 함으로써 주의 날을 지켜야 한다. 　테르툴리아누스 서방 교회 최초의 교부

**7** 오늘 말씀에서 느낀 점과 결단한 점을 말하고 합심해서 기도하자.

삶 에 서 말 씀 녹 여 내 기

- **성구 암송** 시편 118:24
  "이날은 여호와께서 정하신 것이라 이날에 우리가 즐거워하고 기뻐하리로다."
- **큐티** 신명기 28:1-6
- **독서 과제** 『그리스도인과 주일』(배창돈, 베드로서원)
- **생활 과제** 주일에 대해 공부한 후 달라진 삶의 자세가 있다면 기록해 오기
- **성경 읽기**

---

안식일은 하나님이 복 주신 날이자 그분의 창조를 기억하는 날이기도 하다. 하나님은 안식일에 모든 창조를 마치고 안식하셨다. 그분은 우리가 안식일을 철저하게 지키기를 원하셨다. 이스라엘 백성에게 안식일을 어긴 결과를 보여주심으로 그런 분명한 뜻을 보이셨다. 안식일은 또한 우리에게 복된 날이다. 그러므로 우리는 안식일을 기뻐하며 지켜야 한다.
주일을 소홀히 여기거나 주일 성수를 하지 않는 것을 가볍게 여기고 합리화하는 것은 하나님을 가볍게 여기는 것이나 마찬가지다.

# 술

**34과**

## 도입

인류 역사상 술이 끼친 해악은 이루 말할 수 없다. 술은 여러 가지 질병에 걸리게 할 뿐 아니라 말과 행동에서 판단력과 자제력과 분별력을 잃게 만든다. 술을 마신 사람은 큰 소리로 떠들고, 다른 사람과 쉽게 다툼이 붙으며, 실수를 하게 된다. 술을 마시고 나서 긍정적인 효과가 있기보다는 허망한 결과를 낳을 때가 많다. 성경에는 술 때문에 일어난 여러 사건이 기록되어 있다. 노아는 술에 취해 벌거벗은 채로 누워 잠을 잤고, 이것은 아들 함이 저주를 받는 일로 연결된다. 롯은 술에 취해 두 딸과 동침했다. 이런 사건들은 술이 얼마나 심각한 결과를 낳는지를 잘 보여주는 예라고 할 수 있다.

## 적용

**1. 사사기 13장 2-4절을 읽고, 다음 질문에 답해보라.**

"²소라 땅에 단 지파의 가족 중에 마노아라 이름하는 자가 있더라 그의 아내가 임신하지 못하므로 출산하지 못하더니 ³여호와의 사자가 그 여인에게 나타나서 그에게 이르시되 보라 네가 본래 임신하지 못하므로 출산하지 못하였으나 이제 임신하여 아들을 낳으리니 ⁴그러므로 너는 삼가 포도주와 독주를 마시지 말며 어떤 부정한 것도 먹지 말지니라."

**1** 본문 말씀의 배경에 대해 말해보라.

- 장차 태어날 삼손의 어머니에게 여호와의 사자가 나타나서 하시는 말씀이다.

**2** 4절에서 임신을 위해 금해야 할 것이 무엇이라고 나오는가?

- 포도주와 독주, 부정한 것을 먹지 말아야 한다.
- 독주(쉐갈)는 과실이나 곡식으로 만든 도수 높은 술이다.
- 더러운 짐승이나 성경에서 먹지 말라고 금한 것을 먹어서는 안 된다(레 11장 참고).

## 2  이사야 5장 11-12절에서 얻을 수 있는 교훈을 말해보라.

"¹¹아침에 일찍이 일어나 독주를 마시며 밤이 깊도록 포도주에 취하는 자들은 화 있을진저 ¹²그들이 연회에는 수금과 비파와 소고와 피리와 포도주를 갖추었어도 여호와께서 행하시는 일에 관심을 두지 아니하며 그의 손으로 하신 일을 보지 아니하는도다."

- 아침 일찍 독한 술을 찾는 사람과 밤늦도록 포도주에 취한 사람에게 재앙이 닥친다.
- 이런 자들은 잔치를 베풀어 여러 악기로 연주하고 포도주를 마시며 하나님의 일에는 관심이 없고 주님이 하시는 일을 거들떠보지도 않기 때문이다.
- 술에 빠진 자가 영적일 수 없음은 너무나 당연한 이치다.

## 3  술에 대해 경고한 성경말씀을 찾아보자.

**1** 잠언 20:1

"포도주는 거만하게 하는 것이요 독주는 떠들게 하는 것이라 이에 미혹되는 자마다 지혜가 없느니라."

**2** 로마서 13:13

"낮에와 같이 단정히 행하고 방탕하거나 술 취하지 말며 음란하거나 호색하지 말며 다투거나 시기하지 말고."

- 술과 방탕 그리고 성적으로 문란하거나 퇴폐적인 생활을 같은 부류에 두고 있다.
- 이는 술에 젖어 살게 되면 죄에 대해 무감각해지기 때문이다.

▶ 술 때문에 고통당한 경험이 있으면 말해보라.

### 3 디모데전서 3:8

"이와 같이 집사들도 정중하고 일구이언을 하지 아니하고 술에 인박히지 아니하고 더러운 이를 탐하지 아니하고."

- 교회 직분자은 술을 가까이 해서는 안 된다.
- 술을 가까이하는 직분자는 그 직분을 맡을 자격이 없다.
- 술을 먹기 시작하면 계속 그것을 찾게 되고, 결국 술에 인 박이게 된다.

## 4 잠언 23장 29-30절에 나온 술이 낳는 해악과 다른 안 좋은 점들을 생각나는 대로 말해보라.

"²⁹재앙이 뉘게 있느뇨 근심이 뉘게 있느뇨 분쟁이 뉘게 있느뇨 원망이 뉘게 있느뇨 까닭없는 상처가 뉘게 있느뇨 붉은 눈이 뉘게 있느뇨 ³⁰술에 잠긴 자에게 있고 혼합한 술을 구하러 다니는 자에게 있느니라."

- 재앙과 분쟁, 불평등으로 불필요한 상처를 입게 된다.

▶ 내가 생각하는 술의 해악을 나누어보라.

## 5 잠언 23장 31절을 읽고 느낀 점을 말해보라.

"포도주는 붉고 잔에서 번쩍이며 순하게 내려가나니 너는 그것을 보지도 말지어다."

- 하나님은 술에 대해 먹지 않는 정도가 아니라 보지도 말라고 강력하게 명령하신다.

▶ 술에 대해 강력하게 경고하시는 이유가 무엇이라고 생각하는가?

> 인류 최대의 적이며 대다수 남녀를 노예로 만드는 대적인 술을 상대해서는 안 된다.
> 에디슨 미국의 발명가

**6** 오늘 말씀에서 느낀 점과 결단한 점을 말하고 합심해서 기도하자.

### 삶에서 말씀 녹여내기

- **성구 암송** 잠언 23:31
  "포도주는 붉고 잔에서 번쩍이며 순하게 내려가나니 너는 그것을 보지도 말지어다."
- **큐티** 창세기 19:30-38
- **독서 과제**
- **생활 과제** 술을 마시고 있다면 술을 끊을 계획을 세우고 실천하기, 그리고 그것을 나누기
- **성경 읽기**

성경에서는 술이 재앙을 부른다고 경고한다. 술과 방탕, 성적 문란과 퇴폐적인 생활을 같은 부류에 두고 있다. 술에 젖어 살게 되면 죄에 대해 무감각해지기 때문이다. 그러므로 술에 빠진 자가 영적일 수가 없음은 너무나 당연하다. 술을 가까이하는 자는 하나님의 일에 쓰임 받을 수 없다. 술의 해악은 말로 다 표현하기 힘들다. 술은 보지도 말라는 성경의 경고를 엄중히 받아들여야 할 것이다.

**4**단원

주님이
세우신
공동체를
사랑하는
제자

# 아름다운 이름 1
___ 하나님의 자녀

## 도입

예수 믿는 하나님의 자녀에게는 영광스러운 호칭이 주어진다. 그 호칭에서 예수님의 피로 사신 값진 영혼을 향한 하나님의 사랑과 기대감을 엿볼 수 있다. 고귀하고 아름다운 호칭은 누구도 들어본 적 없는 것이기에 그 어떤 것과도 비교될 수 없다. 이 시간 성경에 기록된 호칭을 살펴보며 하나님이 성도 개개인에게 품으신 사랑과 기대감을 확인하고, 나 자신의 위치를 확인하는 시간을 보내도록 하자.

## 적용

**1** 요한복음 1장 12절을 읽고, 다음 질문에 답해보라.

"영접하는 자 곧 그 이름을 믿는 자들에게는 하나님의 자녀가 되는 권세를 주셨으니."

**1** 하나님의 자녀가 되기 위해 어떻게 해야 하는가?

- 예수님을 믿어야 한다.

▶ 예수님을 믿기 전에 하나님께 기도했다면 어떻게 되는가?

- 하나님의 자녀가 아니면서 기도했다면 모순에 빠진다.

2 언제 예수님을 믿었는가?

▶ 나의 경험을 구체적으로 나누어보라.

3 로마서 8장 39절을 보면 하나님의 자녀는 언제까지 하나님의 자녀라고 나오는가?

"높음이나 깊음이나 다른 어떤 피조물이라도 우리를 우리 주 그리스도 예수 안에 있는 하나님의 사랑에서 끊을 수 없으리라."

- 영원히 하나님의 자녀다.
- 하나님이 자녀와 맺으신 사랑의 관계는 누구도 끊을 수 없다.

4 하나님의 자녀가 된 후 자신에게 어떤 변화가 있었는지 말해보라.

## 2 갈라디아서 4장 6절을 읽고, 다음 질문에 답해보라.

"너희가 아들이므로 하나님이 그 아들의 영을 우리 마음 가운데 보내사 아빠 아버지라 부르게 하셨느니라."

1 언제부터 하나님을 아버지라고 부르게 되었는가?

- 각자 예수님을 믿은 것과 하나님을 아버지라고 부른 시점에 대해 생각해 보라.

2 에베소서 2장 19절에서 아빠 아버지라고 부르는 것은 하나님과 어떤 관계가 되었다는 의미인가?

"그러므로 이제부터 너희는 외인도 아니요 나그네도 아니요 오직 성도들과 동일한 시민이요 하나님의 권속이라."

- 영원한 가족이 되었다는 것이다.

3 베드로전서 1장 5절에서 하나님 아버지는 나에게 어떤 분이시라고 하는가?

"너희는 말세에 나타내기로 예비하신 구원을 얻기 위하여 믿음으로 말미암아 하나님의 능력으로 보호하심을 받았느니라."

- 하나님이 능력으로 우리 믿음을 지켜주시고 우리를 안전하게 보호해주신다.
- 하나님은 우리의 보호자 되신다.

> 예수님은 하나님이 우리의 아버지가 되신다는 사실을 친히 알려주셨다. "그러므로 너희는 이렇게 기도하라 하늘에 계신 우리 아버지여 이름이 거룩히 여김을 받으시오며"(마 6:9).

## 3 요한복음 14장 1-3절을 읽고, 다음 질문에 답해보라.

"¹너희는 마음에 근심하지 말라 하나님을 믿으니 또 나를 믿으라 ²내 아버지 집에 거할 곳이 많도다 그렇지 않으면 너희에게 일렀으리라 내가 너희를 위하여 거처를 예비하러 가노니 ³가서 너희를 위하여 거처를 예비하면 내가 다시 와서 너희를 내게로 영접하여 나 있는 곳에 너희도 있게 하리라."

### ❶ 본문 말씀을 자신의 말로 쉽게 표현해보라.

"예수님은 근심하지 말고 하나님과 자신을 믿으라고 하셨다. 아버지 집에는 있을 곳이 많다. 예수님은 우리가 있을 곳을 준비하러 가셨다. 그리고 하늘 처소가 준비되면 우리를 데리러 오셔서 예수님이 계신 곳에 우리도 있게 하겠다고 말씀하셨다."

### ❷ 하나님의 자녀에게 주신 복은 무엇인가?

- 아버지 집(천국)에 갈 수 있는 복을 주셨다.

## 4 오늘 말씀에서 느낀 점과 결단한 점을 말하고 합심해서 기도하자.

삶 에 서 말 씀 녹 여 내 기

- **성구 암송** 갈라디아서 4:6
 "너희가 아들이므로 하나님이 그 아들의 영을 우리 마음 가운데 보내사 아빠 아버지라 부르게 하셨느니라."
- **큐티** 마태복음 12:46-50
- **독서 과제** 『거지인가 왕자인가』(로버트 멍어, IVP 역간)
- **생활 과제** 하나님의 자녀로서 자부심을 가지고 전도 대상자에게 하나님을 자랑하기
- **성경 읽기**

---

예수님을 믿으면 하나님의 자녀가 된다. 한 번 자녀는 영원한 자녀며 부모와 자녀의 관계는 누구도 끊을 수 없다. 이처럼 하나님과 우리와의 관계는 누구도 끊을 수 없다.

예수님을 믿으면 하나님을 아버지로 부를 수 있다. 하나님과 영원한 가족이 되었기 때문이다. 하나님은 보호자가 되셔서 우리의 삶을 인도하시고 아버지의 집인 천국에 들어갈 복을 주셨다. 이 은혜를 받은 자답게 아버지 하나님을 더욱 신뢰하고 나를 위해 준비해두신 천국을 소망하며 살아야 할 것이다.

# 아름다운 이름 2
## ___성도

**36과**

### 도입

성경에는 하나님의 자녀를 부를 때 여러 가지 호칭을 사용한다. 이 호칭은 성도들의 위치를 재확인해주고, 성도들에게 자부심을 불러일으킨다. 그래서 이것에는 성도로서 합당한 삶을 살라고 요구하시는 하나님의 뜻이 스며 있다. 호칭에 대해 공부하면 하나님의 기대하시는 마음을 알 수 있다. 직분이 없는 자를 부를 때 사용하는 호칭을 성도라고 생각하면 큰 오산이다. 성도를 가리키는 히브리어 '카도쉬'는 '하나님께 특별하게 헌신되어 성별된 사람'을 가리키는데, 하나님의 특별한 사랑을 받는 대상임을 나타낸다.

### 적용

**1** 에베소서 1장 1-5절에서 찾을 수 있는 의미를 말해보라.

"¹하나님의 뜻으로 말미암아 그리스도 예수의 사도 된 바울은 에베소에 있는 성도들과 그리스도 예수 안에 있는 신실한 자들에게 편지하노니 ²하나님 우리 아버지와 주 예수 그리스도로부터 은혜와 평강이 너희에게 있을지어다 ³찬송하리로다 하나님 곧 우리 주 예수 그리스도의 아버지께서 그리스도 안에서 하늘에 속한 모든 신령한 복을 우리에게 주시되

⁴곧 창세전에 그리스도 안에서 우리를 택하사 우리로 사랑 안에서 그 앞에 거룩하고 흠이 없게 하시려고 ⁵그 기쁘신 뜻대로 우리를 예정하사 예수 그리스도로 말미암아 자기의 아들들이 되게 하셨으니."

**1** 1절에서 사도 바울은 에베소 교인들을 어떻게 부르고 있는가?

- "성도들"이라고 부르고 있다.

**2** 3절에서 성도는 어떤 자라고 하는가?

- 하늘에 있는 모든 신령한 복을 그리스도를 통해 받은 자다.

**3** 4절에서 하나님이 성도를 부르신 목적이 무엇이라고 하는가?

- 거룩하고 흠이 없게 하기 위해서다. 성도는 창세전에 택함 받은 하나님의 자녀다.

**4** 하나님이 나를 성도라고 불러주시는 것에 대해 어떤 느낌을 받는가?

- 우리는 완전하기 때문이 아니라 예수 그리스도의 공로로 거룩해졌기에 성도라고 불릴 수 있다. 따라서 성도들은 자신을 향한 하나님의 기대하심을 기억하고 거룩함을 추구해야 한다.

▶ 성도라고 불러주시는 것에 대해 황송함과 거룩한 부담감을 느끼는가?
그런 부담감이 들지 않는다면 그 이유를 무엇이라고 생각하는가?

- 만약 내 안에 황송함과 거룩한 부담감이 없다면, 그것은 예수 그리스도를 통하여 하나님께 큰 은혜를 받았다는 믿음이 부족하기 때문이다. 성도는 그 어떤 영광스러운 직책이나 직분과 바꿀 수 없는 영광스러운 칭호임을 기억해야 한다.

**2** 사도행전 1장 16절에서 성도를 부르는 또 다른 호칭에 대해 살펴보자.

"형제들아 성령이 다윗의 입을 통하여 예수 잡는 자들의 길잡이가 된 유다를 가리켜 미리 말씀하신 성경이 응하였으니 마땅하도다."

- 형제(아델포스)는 주 안에서 믿음으로 하나 된 성도들을 부르는 것으로 사도행전에서만 약 25번 사용되었다.
- 주 안에서 피를 나눈 형제 이상의 관계임을 의미한다.
- 성도를 '형제'라고 부르는 것이 초대교회에서는 오히려 자연스럽고 일반적인 호칭이었다.

▶ 교회 안에서나 지체들에게 형제라고 불릴 때 어떤 느낌을 받는가?

우리는 형제자매를 사랑해야 한다. 하나님이 그들을 사랑하시고 예수님은 그들을 위해 자기 피를 흘리셨기 때문이다.

## 3 성도들은 어떻게 살아야 하는가?

### 1 로마서 6:19

"너희 육신이 연약하므로 내가 사람의 예대로 말하노니 전에 너희가 너희 지체를 부정과 불법에 내주어 불법에 이른 것같이 이제는 너희 지체를 의에게 종으로 내주어 거룩함에 이르라."

- 이전에는 몸을 더러움에 내주어 불법의 종으로 살았지만 이제부터는 의의 종으로 거룩함을 추구하며 살아야 한다.

▶ 예수님을 믿기 전의 삶과 지금의 삶이 어떻게 다른가?

### 2 골로새서 3:12

"그러므로 너희는 하나님이 택하사 거룩하고 사랑받는 자처럼 긍휼과 자비와 겸손과 온유와 오래 참음을 옷 입고."

- 거룩하고 사랑받은 자는 너그러움과 친절함과 겸손과 온유함과 인내하는 마음으로 사람을 대한다.

▶ 성도로서 더욱 노력해야 할 점은 무엇인가?

**4** 로마서 8장 27절에서 얻을 수 있는 교훈은 무엇인가?

"마음을 살피시는 이가 성령의 생각을 아시나니 이는 성령이 하나님의 뜻대로 성도를 위하여 간구하심이니라."

**1** 본문 말씀을 자신의 말로 쉽게 표현해보라.

"사람의 마음을 아시는 하나님은 성령님의 생각도 아신다. 성령님은 하나님의 뜻에 따라 성도들을 위해 기도하신다."

**2** 성령님이 성도들을 위해 기도하고 계신다는 말씀을 보았을 때 어떤 느낌이 들었는가?

- 어떤 문제를 위해 기도하든 성령님이 함께 기도하고 계심을 믿어야 한다.
- 우리가 기도할 때 성령님이 하나님의 뜻대로 우리를 위해 기도해주시도록 구하면 된다.

▶ 성령님이 우리를 위해 기도하신다는 사실을 알면 기도하는 태도에 어떤 변화가 있겠는가?

- 우리가 하나님의 뜻을 구할 때 하나님도 최선을 다해 응답하시리라는 것을 신뢰할 수 있다.

**5** 오늘 말씀에서 느낀 점과 결단한 점을 말하고 합심해서 기도하자.

삶 에 서 말 씀 녹 여 내 기

- ∞ 성구 암송　**골로새서 3:12**
  "그러므로 너희는 하나님이 택하사 거룩하고 사랑받는 자처럼 긍휼과 자비와 겸손과 온유와 오래 참음을 옷 입고."
- ∞ 큐티　요한복음 13:4-10
- ∞ 독서 과제　『나를 기뻐하시며 사랑하시는 하나님』(룻 마이어즈, 네비게이토 역간)
- ∞ 생활 과제　한 주간 성도답게 살기 위해 죄를 물리친 사례 적어 오기
- ∞ 성경 읽기

우리는 거룩하고 흠이 없게 하시기 위해서 창세전에 택함 받은 하나님의 자녀, 성도다.

성도라는 이름은 그 어떤 것과 바꿀 수 없는 영광스러운 칭호다. 그러므로 성도는 자신을 향한 하나님의 기대하심을 기억하고 거룩함을 추구해야 한다. 이전에는 더러움과 불법의 종으로 살았지만 이제부터는 의의 종으로 거룩함을 추구하며 살아야 한다. 성도다운 삶을 살기 위해 노력해야 하는 것이다. 성령님이 성도인 우리를 위해 기도하고 계심을 알고 성도다운 삶을 살기 위해 하나님의 도움을 구해야 한다.

# 37과

## 아름다운 이름 3
### ___제자

## 도입

예수님은 3년 동안 제자들을 훈련시키셨다. 예수님이 불러주신 제자들은 대부분 볼품없어 보이는 어부였지만 예수님의 훈련을 받은 뒤에는 이 세상 사람들에게 복음을 전하기 위해 세계 곳곳으로 나아갔다. 예수님이 제자들에게 모든 민족으로 제자를 삼으라고 하신 이유는 예수님의 사역이 계승되어야 했기 때문이다. 이 세상에서 가장 가치 있는 사역은 바로 예수님이 명령하신 제자 삼는 사역이다. 그러므로 성도 개개인은 주님의 제자가 되기를 간절히 사모해야 한다.

## 적용

**1** 사도행전 11장 26절에서 성도를 부르는 또 다른 호칭에 대해 살펴보자.

"만나매 안디옥에 데리고 와서 둘이 교회에 일 년간 모여 있어 큰 무리를 가르쳤고 제자들이 안디옥에서 비로소 그리스도인이라 일컬음을 받게 되었더라."

- 바울과 바나바가 안디옥에서 일 년 동안 가르친 제자들은 안디옥에서 그리스도인이라고 불렸다.

▶ 그리스도인이란 무슨 뜻인가?

- '그리스도를 따르는 사람' 또는 '그리스도에게 속한 사람'이라는 뜻이다.

## 2  마태복음 28장 18-20절을 읽고, 다음 질문에 대답해보라.

"¹⁸예수께서 나아와 말씀하여 이르시되 하늘과 땅의 모든 권세를 내게 주셨으니 ¹⁹그러므로 너희는 가서 모든 민족을 제자로 삼아 아버지와 아들과 성령의 이름으로 세례를 베풀고 ²⁰내가 너희에게 분부한 모든 것을 가르쳐 지키게 하라 볼지어다 내가 세상 끝날까지 너희와 항상 함께 있으리라 하시니라."

**1** 이 본문 말씀이 중요한 이유는 무엇인가?

- 예수님이 승천하시기 전 마지막으로 하신 말씀이기 때문이다.

**2** 19절에서 예수님은 어떤 명령을 하셨나?

- "모든 민족을 제자로 삼[으라]"고 하셨다.

**3** 20절에서 제자는 어떤 사람이라고 하는가?

- 주님이 분부한 모든 것을 지키는 사람이다.

**4** 제자 삼기 위해 가장 먼저 해야 할 일은 무엇인가?

- 전도부터 해야 한다.
- 전도하지 않는 자를 제자라고 할 수 없다.
- 전도는 모든 사역의 시작이며 가장 중요한 사역으로, 예수님이 이 땅에 오신 목적이고 교회가 존재하는 이유이기도 하다.

**5** 누가복음 19장 10절을 읽고, 느낀 점을 말해보라.

"인자가 온 것은 잃어버린 자를 찾아 구원하려 함이니라."

- 예수님이 이 땅에 오신 목적은 영혼을 구원하기 위해서다.
- 영혼 구원보다 더 중요한 사역은 없다.
- 영혼 구원을 등한시하는 자를 제자라고 할 수 없다.

❻ 마태복음 28장 20절에서 알 수 있는 주의 명령에 순종한 자가 누리는 복은 무엇인가?

― 세상 끝날까지 주님이 함께해주신다.

**3** 요한복음 15장 8절에서 얻을 수 있는 교훈을 살펴보자.

"너희가 열매를 많이 맺으면 내 아버지께서 영광을 받으실 것이요 너희는 내 제자가 되리라."

❶ 제자는 어떤 자인가?

― 열매를 많이 맺고 하나님께 영광을 돌려드리는 자다.

❷ 제자가 되기 위해 어떤 노력을 하고 있는가?

> 우리는 이름을 통해 그 존재를 생각한다. 이름이 곧 그 특성을 보여준다.
> 앤드류 머리 스코틀랜드 목사

**4** 오늘 말씀에서 느낀 점과 결단한 점을 말하고 합심해서 기도하자.

삶 에 서 말 씀 녹 여 내 기

∞ **성구 암송**  요한복음 15:8
"너희가 열매를 많이 맺으면 내 아버지께서 영광을 받으실 것이요 너희는 내 제자가 되리라."
∞ **큐티**  마가복음 1:16-20
∞ **독서 과제**  『제자의 특징』(론 쎄니, 네비게이토 역간)
∞ **생활 과제**  남편(아내)의 신발(구두) 닦아주기
∞ **성경 읽기**

예수님은 모든 민족을 제자로 삼으라고 하셨다. 제자는 주님이 분부하신 것을 지키는 자다. 제자 삼기 위해서는 우선 전도부터 해야 한다. 전도는 모든 사역의 시작이자 가장 중요한 사역으로 예수님이 이 땅에 오신 목적이며, 교회가 존재하는 이유이기도 하다. 그러므로 영혼 구원을 소홀히 하는 사람을 제자라고 할 수 없다. 또한 제자는 열매를 많이 맺고 하나님께 영광을 돌려드린다. 제자가 되기 위해 어떤 노력을 하고 있는지 날마다 자신을 점검해야 할 것이다.

# 아름다운 이름 4
## ___그리스도의 지체

## 도입

일반적으로 신앙이 좋다고 하면 성경을 많이 알고 있거나 교회에서 특정 직분을 맡아 성실하게 교회 일을 하는 사람이라고 생각할 수 있다. 그러나 이것은 오해다. 신앙이 좋은 사람은 주님과의 관계나 성도들과의 관계가 좋은 사람을 의미한다. 성경에서는 성도들이 서로 맺는 관계가 어떤 것인지를 잘 표현하고 있다. 바울은 그리스도의 몸 된 교회의 성도들을 그리스도의 지체로 표현했다. 지체란 팔다리를 포함한 사람 몸의 모든 기관을 말한다. 지체라는 단어에서 우리가 그리스도와 다른 지체들과 어떤 관계를 맺어야 하는지 분명하게 알 수 있다.

## 적용

**1** 다음 성경구절에서 지체의 특징을 살펴보자.

**1** 로마서 12:4-5

"⁴우리가 한 몸에 많은 지체를 가졌으나 모든 지체가 같은 기능을 가진 것이 아니니 ⁵이와 같이 우리 많은 사람이 그리스도 안에서 한 몸이 되어 서로 지체가 되었느니라."

— 몸에는 많은 지체가 있지만 그 지체는 각기 하는 일이 다르다.

▶ 교회에서 어떤 일로 섬기고 있는가?

- 성도들은 그리스도를 통해 한 몸을 이루었고, 모든 성도는 서로 지체로 연결되어 있다.

**2** 그리스도의 몸 된 지체는 교회의 머리 되신 주님께 어떤 자세를 취해야 하는가?

- 지체는 머리의 지시에 따라 움직여야 한다.
- 모든 지체가 머리의 지시에 따를 때 건강한 몸을 이루게 된다.

## 2 에베소서 4장 16절을 읽고, 느낀 점을 말해보라.

"그에게서 온몸이 각 마디를 통하여 도움을 받음으로 연결되고 결합되어 각 지체의 분량대로 역사하여 그 몸을 자라게 하며 사랑 안에서 스스로 세우느니라."

**1** 본문 말씀을 자신의 말로 쉽게 표현해보라.

"그리스도께 붙어 있는 각 지체가 서로 돕고 각자 맡은 일을 잘하면, 몸이 건강하게 성장하여 사랑 안에서 더욱 튼튼히 서게 된다."

**2** 지체끼리는 서로 어떤 자세로 대해야 하는가?

- 지체는 서로 섬김의 자세로 도와야 한다.
- 지체는 서로 이해하고 사랑해야 한다.

## 3 고린도전서 6장 15절에서 얻을 수 있는 교훈을 말해보라.

"너희 몸이 그리스도의 지체인 줄을 알지 못하느냐 내가 그리스도의 지체를 가지고 창녀의 지체를 만들겠느냐 결코 그럴 수 없느니라."

- 자신이 그리스도 몸의 지체임을 아는 성도는 불의하고 죄악 된 일에 자신을 드리지 않는다.

▶ 그리스도의 몸의 지체로서 합당하지 않게 몸을 사용하고 있다면 돌이켜야 한다.
내가 돌이켜야 할 부분이 있다면 솔직하게 말해보라.

**4** 지체들끼리는 어떻게 해야 하는지 다음 성경구절을 통해 살펴보자.

**1** 고린도전서 12:21

"눈이 손더러 내가 너를 쓸 데가 없다 하거나 또한 머리가 발더러 내가 너를 쓸 데가 없다 하지 못하리라."

- 다른 지체를 귀하게 여겨야 한다.
- 항상 겸손한 자세를 취해야 한다.

**2** 고린도전서 12:23

"우리가 몸의 덜 귀히 여기는 그것들을 더욱 귀한 것들로 입혀 주며 우리의 아름답지 못한 지체는 더욱 아름다운 것을 얻느니라 그런즉."

- 덜 귀하게 보이는 지체도 귀하다는 사실을 알고, 하나님이 그런 지체들을 허락하셨음에 감사해야 한다.
- 비록 약하고 모자라 보이는 지체들이지만, 그들의 섬김으로 내가 존재할 수 있음을 기억해야 한다.

**3** 고린도전서 12:25

"몸 가운데서 분쟁이 없고 오직 여러 지체가 서로 같이 돌보게 하셨느니라."

- 다른 지체와 다툼이 없어야 한다.
- 서로 돌봐야 한다.

하나님의 마음으로 사랑하자. 아우구스티누스

**5** 오늘 말씀에서 느낀 점과 결단한 점을 말하고 합심해서 기도하자.

삶 에 서 말 씀 녹 여 내 기

∞ **성구 암송**  고린도전서 12:25
"몸 가운데서 분쟁이 없고 오직 여러 지체가 서로 같이 돌보게 하셨느니라."
∞ **큐티**  요한복음 13:34-35
∞ **독서 과제**  『제자훈련, 실패는 없다』(배창돈, 디모데)에서 '2장 제자훈련, 어떻게 준비할 것인가?'
∞ **생활 과제**  소홀히 여겼던 교회 지체에게 관심과 사랑을 구체적으로 표현하고 느낀 점 적어 오기
∞ **성경 읽기**

성도들은 그리스도를 통해 한 몸을 이루었고, 모든 성도는 서로 지체로 연결되어 있다. 그리스도의 몸 된 지체는 교회의 머리 되신 주님의 지시에 따라 움직여야 한다. 모든 지체가 머리의 지시에 따를 때 건강한 몸을 이룰 수 있다. 그리스도께 붙어 있는 각 지체가 서로 도와 맡은 일을 잘 해내면, 몸이 건강하게 성장하여 사랑 안에서 더욱 튼튼히 서게 된다. 지체는 섬김의 자세로 돕고 이해하고 사랑해야 한다. 자신이 그리스도의 몸의 지체임을 알고 불의하고 죄악 된 일을 해서는 안 될 것이다.

## 39과

# 교회 1
## ___교회와 나

### 도입

교회를 헬라어로 '에클레시아'라고 한다. 이 단어는 하나님이 특별하게 불러내셨다는 뜻이다. 즉 하나님이 교회를 특별하게 불러내셨다. 교회가 무엇인지 모르면 교회 안에서 각 사람이 해야 할 일이나 자신이 교회에 있어야 할 의미를 찾을 수 없다. 모든 인류의 희망인 교회에 대해 바로 아는 것이야말로 신앙생활을 제대로 할 수 있는 시작이다. 교회와 나와의 관계에 대해 살펴보자.

### 적용

**1** 로마서 1장 7절과 고린도전서 1장 2절에서 사도 바울은 교인을 어떻게 부르고 있는가? 또한 이 말씀으로 교회의 정의를 내려보라.

"로마에서 하나님의 사랑하심을 받고 성도로 부르심을 받은 모든 자에게 하나님 우리 아버지와 주 예수 그리스도로부터 은혜와 평강이 있기를 원하노라"(롬 1:7).
"고린도에 있는 하나님의 교회 곧 그리스도 예수 안에서 거룩하여지고 성도라 부르심을 받은 자들과 또 각처에서 우리의 주 곧 그들과 우리의 주 되신 예수 그리스도의 이름을 부르는 모든 자들에게"(고전 1:2).

- 교인을 성도라고 부르고 있다.
- 교인은 예수님을 통해 거룩하게 된 사람이다.
- 성도는 교회에 속한 전체 구성원을 가리킨다.

▶ 그렇다면 교회는 무엇이라고 할 수 있나?

- 교회는 성도들의 모임이다.

**2  마태복음 16장 16-17절을 보면 성도들이 어떤 고백을 해야 한다고 나오는가?**

"¹⁶시몬 베드로가 대답하여 이르되 주는 그리스도시요 살아 계신 하나님의 아들이시니이다 ¹⁷예수께서 대답하여 이르시되 바요나 시몬아 네가 복이 있도다 이를 네게 알게 한 이는 혈육이 아니요 하늘에 계신 내 아버지시니라."

- 베드로의 고백처럼 예수님을 그리스도와 살아 계신 하나님의 아들로 믿어야 한다.
- 그리스도란 '기름부음을 받은 자'란 뜻으로 '하나님의 일을 위해 구별된 자, 하나님의 백성을 구원할 분'이란 뜻이다.
- '살아 계신 하나님의 아들'이란 예수님의 신성을 나타낸다.
- 성도들은 곧 예수님을 믿는 자들이다.

▶ 언제 예수님을 영접하고 교회의 성도가 되었는가?

▶ 예수님을 믿지 않고도 직분자가 될 수 있을까?

**3  마태복음 28장 18-20절에서 주님이 교회 안 성도들이 어떻게 되길 원하셨는지 살펴보자.**

"¹⁸예수께서 나아와 말씀하여 이르시되 하늘과 땅의 모든 권세를 내게 주셨으니 ¹⁹그러므로 너희는 가서 모든 민족을 제자로 삼아 아버지와 아들과 성령의 이름으로 세례를 베풀고 ²⁰내가 너희에게 분부한 모든 것을 가르쳐 지키게 하라 볼지어다 내가 세상 끝날까지 너희와 항상 함께 있으리라 하시니라."

**1** 본문의 중요성에 대해 말해보라.

- 승천하시기 전에 예수님이 제자들에게 남기신 지상 최후의 명령으로, 예수님은 자신의 권세로 말씀하셨다. 그러므로 우리는 예수님이 권세로 말씀하신 이 명령을 반드시 행해야 한다.

**2** "모든 민족을 제자로 삼아"라는 말씀은 무엇을 하라는 것인가?

- 모든 민족을 대상으로 복음을 전해야 함을 말씀하고 있다.
- 복음은 나 한 사람, 우리 가족, 우리가 사는 지역을 넘어 세계 곳곳으로 전해져야 한다.

**3** "내가 너희에게 분부한 모든 것을 가르쳐 지키게 하라"는 말씀이 주는 교훈을 말해보라.

- 교회는 가르치는 일을 쉬어서는 안 된다.
- 교회는 주님의 뜻인 제자 삼는 사역을 감당하는 공동체로 전도해서 가르치는 일을 계속해야 한다.
- 제자들은 하나님 말씀을 지켜 행하는 자들이다.

**4** "세상 끝날까지 너희와 항상 함께 있으리라"는 말씀을 보고 느낀 점을 말해보라.

- 이 말씀은 주님의 강한 의지를 볼 수 있다.
- 교회가 교회의 역할을 잘 감당할 때 주님이 재림하실 때까지 함께하시겠다는 강력한 약속이라고 할 수 있다.

**5** 건강한 교회에는 주님의 제자가 많아야 한다. 어떻게 사람들을 주님의 제자로 삼을 수 있는가?

- 전도해서 복음 위에 굳게 서도록 훈련시켜야 한다.
- 제자는 주님의 마음을 품고 주님의 성품을 닮아가기 위해 노력할 뿐 아니라 주님의 뜻을 행하는 자다.

**6** 주님의 제자가 되기 위해 어떤 노력을 하고 있는가?

**4** 에베소서 4장 13-15절을 읽고, 다음 질문에 답해보라.

"¹³우리가 다 하나님의 아들을 믿는 것과 아는 일에 하나가 되어 온전한 사람을 이루어 그리스도의 장성한 분량이 충만한 데까지 이르리니 ¹⁴이는 우리가 이제부터 어린아이가 되지 아니하여 사람의 속임수와 간사한 유혹에 빠져 온갖 교훈의 풍조에 밀려 요동하지 않게 하려 함이라 ¹⁵오직 사랑 안에서 참된 것을 하여 범사에 그에게까지 자랄지라 그는 머리니 곧 그리스도라."

**1** 본문 말씀을 자신의 말로 쉽게 표현해보라.

"우리 모두는 예수님을 믿고 아는 일에 하나가 되어, 그리스도를 닮은 온전한 사람으로서 성숙한 그리스도인이 될 수 있다. 이제는 어린아이가 되어서 우리를 속이고 유혹하는 잘못된 가르침에 빠져서는 안 된다. 머리 되신 예수님을 본받아 모든 면에서 성장해야 한다."

**2** 교회는 어떤 역할을 감당해야 하는가?

– 성도들은 머리 되신 예수님을 본받아 성장하도록 노력해야 한다.
– 교회는 어머니의 역할을 감당해야 한다.

**3** 영적 어린아이가 아닌 성숙한 어른이 되고자 어떤 노력을 기울이는가?

> 교회는 하나님이 은총으로 부르시고, 그 부름에 응답한 사람들로 이루어진다.
> 윌리엄 바클레이

**5** 오늘 말씀에서 느낀 점과 결단한 점을 말하고 합심해서 기도하자.

삶 에 서 말 씀 녹 여 내 기

- ∽ **성구 암송**  에베소서 4:13
  "우리가 다 하나님의 아들을 믿는 것과 아는 일에 하나가 되어 온전한 사람을 이루어 그리스도의 장성한 분량이 충만한 데까지 이르리니."
- ∽ **큐티**  누가복음 19:1-10
- ∽ **독서 과제**
- ∽ **생활 과제**  한 주간 교회를 어떻게 섬겼는지 노력한 실례와 느낀 점 적어 오기
- ∽ **성경 읽기**

---

교회는 예수님을 믿는 성도들의 모임이다. 또한 교회는 주님의 뜻인 제자 삼는 사역을 감당하는 공동체로 전도하고 가르치는 일을 계속해야 한다. 제자는 주님의 마음을 품고 주님의 성품을 닮아가기 위해 노력할 뿐 아니라 주님의 뜻을 행하는 자다. 그러므로 교회를 이루는 성도들은 머리 되신 예수님을 본받아 성장하도록, 단순히 교회의 구성원이 아닌 제자로 서도록 노력해야 한다. 교회가 교회의 역할을 잘 감당할 때 주님이 함께하겠다고 약속하셨다.

# 교회 2
## 그리스도의 몸인 교회

## 도입

교회를 통해 하나님의 뜻을 행하는 것은 하나님께는 영광 돌리고, 선한 영향력으로 세상을 바꾸며, 교회 안 성도들에게 유익을 주는 일이다. 교회를 '그리스도의 몸'이라고 표현한 것은 교회가 무엇이며 어떻게 사역해야 하는지를 분명하게 알려주는 가장 적절한 표현이라고 할 수 있다. 성경에서 그리스도의 몸인 교회에 대해 공부하며 성경이 주는 교훈을 살펴보자.

## 적용

**1** 사도행전 20장 28절을 읽고, 다음 질문에 답해보라.

"여러분은 자기를 위하여 또는 온 양 떼를 위하여 삼가라 성령이 그들 가운데 여러분을 감독자로 삼고 하나님이 자기 피로 사신 교회를 보살피게 하셨느니라."

**1** 교회는 어떻게 세워졌는가?

- "자기 피로 사신"이라는 말씀에서 알 수 있듯이, 예수님이 피 흘려 자신의 생명을 주심으로 교회를 세우셨다.

**2** 하나님은 교회를 어떻게 여기실까?

- 예수님의 생명처럼 귀하게 보실 것이다.

**3** 내가 생각하는 교회와 하나님이 생각하시는 교회에는 어떤 차이가 있는가?

▶ 예수님의 생명처럼 교회를 귀하게 여기고 있는가?

## 2 교회를 어떻게 표현하고 있는지 에베소서 1장 23절에서 살펴보자.

"교회는 그의 몸이니 만물 안에서 만물을 충만하게 하시는 이의 충만함이니라."

**1** 교회를 어떻게 표현하고 있는가?

- 그리스도의 몸이라고 표현하고 있다.

**2** 교회는 어떤 일을 해야 하는가?

- 그리스도의 몸인 교회는 예수님이 이 땅에서 하신 일을 해야 한다.
- '그리스도의 몸'이라는 말씀에서 교회는 예수님이 하신 사역을 계승해야 함을 알 수 있다.

**3** 교회가 만물을 충만하게 한다는 것은 어떤 뜻인가?

- 교회는 세상에서 거룩한 영향력을 행사해야 한다는 뜻이다.

▶ 나는 세상에 어떤 영향력을 끼치고 있는가?

> 교회는 세상의 눈으로 보면 보잘것없지만, 하나님 앞에서는 귀중하고 사랑받으며 높이 평가를 받는다.
> 
> 마르틴 루터

**3** 골로새서 1장 18절에서 얻을 수 있는 교훈을 살펴보자.

"그는 몸인 교회의 머리시라 그가 근본이시요 죽은 자들 가운데서 먼저 나신 이시니 이는 친히 만물의 으뜸이 되려 하심이요."

**1** 본문 말씀을 자신의 말로 쉽게 표현해보라.

"주님은 자신의 몸인 교회의 머리 되신다. 모든 것이 주님으로부터 시작되었다. 그리고 주님은 죽은 사람 가운데 가장 먼저 살아나셨기에 만물의 으뜸이 되신다."

**2** 주님이 교회의 머리 되신다는 것은 무엇을 의미하는가?

- 교회는 머리 되신 주님의 뜻에 따라 사역해야 한다는 뜻이다.
- 교회는 성도들의 뜻을 대변하기에 앞서 주님의 뜻에 순종하고 있는지를 먼저 살펴야 한다.

**4** 교회는 그리스도가 하신 사역을 잘 감당해야 한다. 그렇다면 주님이 이 땅에 계실 때 어떤 사역을 하셨는지 살펴봐야 한다. 다음 성경구절에서 예수님이 하신 사역을 살펴보자.

**1** 마태복음 4:17

"이때부터 예수께서 비로소 전파하여 이르시되 회개하라 천국이 가까이 왔느니라 하시더라."

- 예수님이 사역을 시작하시면서 외친 첫 번째 말씀이 바로 "회개하라 천국이 가까이 왔느니라"는 말씀이다.

**2** 마태복음 4:23

"예수께서 온 갈릴리에 두루 다니사 그들의 회당에서 가르치시며 천국 복음을 전파하시며 백성 중의 모든 병과 모든 약한 것을 고치시니."

- 예수님이 행하신 사역이다.
- 가르치시며, 천국 복음을 전파하시며, 모든 병과 약한 것을 고치셨다.
- 이 세 가지 사역은 교회가 어느 한 가지도 소홀히 할 수 없는 본질적인 사역이다.

**5** 오늘 말씀에서 느낀 점과 결단한 점을 말하고 합심해서 기도하자.

---

삶 에 서   말 씀   녹 여 내 기

- **성구 암송**  사도행전 20:28
  "여러분은 자기를 위하여 또는 온 양 떼를 위하여 삼가라 성령이 그들 가운데 여러분을 감독자로 삼고 하나님이 자기 피로 사신 교회를 보살피게 하셨느니라."
- **큐티**  사도행전 2:43-47
- **독서 과제**  『존귀한 공동체 교회』(배창돈, 국제제자훈련원)
- **생활 과제**  교회 사역에 참여하면서 고쳐야 할 자세가 있다면 바꾸고, 그 결과 적어 오기
- **성경 읽기**

---

교회는 예수님이 피 흘려 자신의 생명을 주심으로 세우셨다. 하나님은 교회를 자신의 생명처럼 귀하게 보실 것이다. 교회는 그리스도의 몸이다. 그리스도의 몸인 교회는 머리 되신 주님의 뜻에 따라 예수님이 이 땅에서 하셨던 일을 하고, 세상에 거룩한 영향력을 끼쳐야 한다. 즉 가르치고, 천국 복음을 전하며, 모든 병과 약한 것을 고쳐야 한다. 이 모든 일은 어느 한 가지도 소홀히 해서는 안 되는 교회의 본질적 사역이다.

# 교회 3
## ___지체들과의 관계

## 도입

교회를 바로 안다면 교회를 향한 자세가 달라질 수밖에 없다. 나 한 사람이 교회를 건강하게 할 수도 있고, 교회 안의 사람들에게 아픔을 주거나 사역을 방해할 수도 있기 때문이다. 성경을 통해 알 수 있는 교회에 대한 교훈을 살펴보자.

## 적용

**1** 요한복음 17장 21절을 읽고, 다음 질문에 답해보라.

"아버지여, 아버지께서 내 안에, 내가 아버지 안에 있는 것같이 그들도 다 하나가 되어 우리 안에 있게 하사 세상으로 아버지께서 나를 보내신 것을 믿게 하옵소서."

**1** 요한복음 17장의 배경에 대해 말해보라.

- 본문은 예수님이 십자가의 고난을 준비하시는 기도로, 중보기도의 내용이다.
- 6-19절은 예수님이 제자들을 위해 기도하신 내용이다.

**2** 예수님이 무엇을 위해 간절하게 기도하셨는가?

- 제자들이 하나 되게 해달라고 기도하셨다.

**3** 예수님이 간절하게 기도하신 이유는 무엇인가?

- 예수님이 이 땅에 오신 목적인 영혼 구원을 위해서다.
- 하나 되지 않을 때 복음의 문이 막히기 때문이다.

▶ 교회 안에서 지체들과 하나 되기 위해 노력하고 있는 것은 무엇인가?

## 2  고린도전서 12장 18-27절에서 알 수 있는 교훈을 살펴보자.

"[18]그러나 이제 하나님이 그 원하시는 대로 지체를 각각 몸에 두셨으니 [19]만일 다 한 지체 뿐이면 몸은 어디냐 [20]이제 지체는 많으나 몸은 하나라 [21]눈이 손더러 내가 너를 쓸 데가 없다 하거나 또한 머리가 발더러 내가 너를 쓸 데가 없다 하지 못하리라 [22]그뿐 아니라 더 약하게 보이는 몸의 지체가 도리어 요긴하고 [23]우리가 몸의 덜 귀히 여기는 그것들을 더욱 귀한 것들로 입혀 주며 우리의 아름답지 못한 지체는 더욱 아름다운 것을 얻느니라 그런즉 [24]우리의 아름다운 지체는 그럴 필요가 없느니라 오직 하나님이 몸을 고르게 하여 부족한 지체에게 귀중함을 더하사 [25]몸 가운데서 분쟁이 없고 오직 여러 지체가 서로 같이 돌보게 하셨느니라 [26]만일 한 지체가 고통을 받으면 모든 지체가 함께 고통을 받고 한 지체가 영광을 얻으면 모든 지체가 함께 즐거워하느니라 [27]너희는 그리스도의 몸이요 지체의 각 부분이라."

**1** 18절에서 각 지체에게 주신 직분이 중요한 이유를 무엇이라고 하는가?

- 직분은 하나님이 주신 것이기 때문이다.

**2** 21-22절에서 다른 지체를 어떻게 대해야 한다고 하는가?

- 자신의 사역만 귀하다고 생각해서는 안 된다.

▶ 다른 지체들을 무시해서는 안 되는 이유는 무엇인가?

**3** 25절에서 알 수 있는 두 가지 자세는 무엇인가?

- 분쟁이 있어서는 안 된다.
- 서로 돌봐야 한다.

## 3  교회 안에서 지체들끼리 서로 갖추어야 할 자세는 무엇인가?

**1** 요한일서 4:7

"사랑하는 자들아 우리가 서로 사랑하자 사랑은 하나님께 속한 것이니 사랑하는 자마다 하나님으로부터 나서 하나님을 알고."

- 모두 하나님의 자녀이기에 서로 사랑해야 한다.
- 사랑하는 사람은 하나님의 자녀이며, 하나님을 안다고 할 수 있다.

> 교회에 다니는 사람은 불 속에 있는 석탄과 같다. 함께 있을 때는 불꽃이 계속 타오른다. 그러나 하나씩 따로 떨어지면 소멸해버린다. — 빌리 그레이엄

**2** 베드로전서 4:10

"각각 은사를 받은 대로 하나님의 여러 가지 은혜를 맡은 선한 청지기같이 서로 봉사하라."

- 하나님의 은혜를 받은 자는 선한 청지기의 자세로 서로 봉사해야 한다.
- 성도들은 섬김의 자세로 살아야 한다.

## 4  오늘 말씀에서 느낀 점과 결단한 점을 말하고 합심해서 기도하자.

| ∞ 성구 암송 | 베드로전서 4:10
"각각 은사를 받은 대로 하나님의 여러 가지 은혜를 맡은 선한 청지기같이 서로 봉사하라."
| ∞ 큐티 | 마태복음 23:6-13
| ∞ 독서 과제 | 『나는 너를 용서하였다』(어윈 루처, 디모데 역간)
| ∞ 생활 과제 | 사랑의 빚을 진 지체를 찾아 감사를 표현하고 섬긴 후 나의 마음에 일어난 변화 적어 오기
| ∞ 성경 읽기 |

---

예수님은 십자가에 달리시기 전 우리가 하나가 되게 해달라고 아버지께 간절히 기도하셨다. 성도들이 하나가 되지 않으면 전도의 문이 막혀버린다. 그러므로 지체는 분쟁하지 말고 서로 사랑해야 한다. 또 선한 청지기의 자세로 섬기며 서로 봉사해야 한다. 우리는 하나님의 영원한 자녀이기에 서로 돌보고 사랑하며 그리스도의 몸인 교회를 세워가야 한다.

# 교회 4
## 교회와 직분

**42과**

## 도입

교회 직분은 원한다고 누구나 받을 수 있는 것이 아니다. 그리고 그리스도의 몸 된 교회를 세우기 위해 주님이 주셨기에 절대 가볍게 여겨서는 안 된다. 세상의 직책을 통해서는 자신의 만족을 추구하고 사람들에게서 박수를 받을 수 있지만 하나님의 직분은 그 열매를 통해 오직 하나님께 영광을 돌린다. 교회의 직분은 헌신과 섬김 그리고 하나님을 향한 사랑으로 감당해야 한다. 직분을 잘 감당한 자에게는 주님께 칭찬과 상급을 받을 것이다.

## 적용

**1. 에베소서 4장 11-12절에서 알 수 있는 교훈을 살펴보자.**

"[11]그가 어떤 사람은 사도로, 어떤 사람은 선지자로, 어떤 사람은 복음 전하는 자로, 어떤 사람은 목사와 교사로 삼으셨으니 [12]이는 성도를 온전하게 하여 봉사의 일을 하게 하며 그리스도의 몸을 세우려 하심이라."

**1** 본문 말씀을 자신의 말로 쉽게 표현해보라.

"주님이 각 사람을 사도, 선지자, 복음 전하는 자, 목사와 교사로 세우셨는데, 이렇게 하신 이유는 성도들이 섬기는 자가 되어 그리스도의 몸인 교회를 강하게 세우기 위해서다."

**2** 직분은 누가 주셨는가?

- 교회의 머리 되신 주님이 주셨다.
- 주님이 주신 직분임을 아는 자는 맡은 사명을 잘 감당할 것이다.

▶ 나는 맡은 직분을 잘 감당하고 있는가?

**3** 직분을 주신 목적은 무엇인가?

- 직분을 받은 사람이 잘 세워져, 다른 사람들을 섬기고, 교회 세우는 일을 잘 감당하게 하기 위해서다.
- 건강한 교회를 세우기 위해서다.

▶ 받은 직분을 잘 감당하여 교회에 유익을 주고 있는가? 그리스도의 몸을 세우는 데 어떤 도움을 주고 있는가?

---

## 2  베드로전서 5장 1-4절을 읽고, 다음 질문에 답해보라.

"[1]너희 중 장로들에게 권하노니 나는 함께 장로 된 자요 그리스도의 고난의 증인이요 나타날 영광에 참여할 자니라 [2]너희 중에 있는 하나님의 양 무리를 치되 억지로 하지 말고 하나님의 뜻을 따라 자원함으로 하며 더러운 이득을 위하여 하지 말고 기꺼이 하며 [3]맡은 자들에게 주장하는 자세를 하지 말고 양 무리의 본이 되라 [4]그리하면 목자장이 나타나실 때에 시들지 아니하는 영광의 관을 얻으리라."

**1** 1절에서 직분자들이 한시도 잊지 말아야 할 것이 무엇일까?(벧전 2:24 참고)

"친히 나무에 달려 그 몸으로 우리 죄를 담당하셨으니 이는 우리로 죄에 대하여 죽고 의에 대하여 살게 하려 하심이라 그가 채찍에 맞음으로 너희는 나음을 얻었나니"(벧전 2:24).

- 그리스도가 당하신 고난을 잊지 말아야 한다.
- 예수님은 몸소 우리 죄를 짊어지고 온갖 수모를 당하며 십자가에 달려 돌아가심으로써, 우리 죄를 사해주셨다. 그분의 공로 덕분에 우리는 죄에서 자유를 얻었다.

**2** 2절에서 맡겨진 사역을 어떤 마음으로 해야 한다고 하는가?

- 마음에 없이 억지로 하지 말고 자발적으로 해야 한다.
- 억지로 하는 것은 자신과 다른 지체에게 아무런 유익이 없기 때문이다.

**3** 3절에서 알 수 있는 직분자들의 올바른 자세는 무엇인가?

- 주장하는 자세로 하지 말아야 한다(주장하는 자세는 곧 군림하는 자세를 말한다).
- 본이 되어야 한다.
- 직분자는 앞서 행하는 모범을 보여야 한다.

**4** 4절에서 직분을 잘 감당했을 때 어떤 보상이 있는가?

- 시들지 않는 영광의 관이란 충성된 자들에 주는 보상을 말한다.
- 시들기 쉬운 이 세상의 상급과는 달리 성도들이 직분을 잘 감당하면 영원한 가치를 지닌 면류관을 얻게 될 것이라고 말씀하고 있다.

**3** 히브리서 10장 25절을 읽고, 직분자들이 등한시해서는 안 되는 것이 무엇인지 살펴보자.

"모이기를 폐하는 어떤 사람들의 습관과 같이 하지 말고 오직 권하여 그날이 가까움을 볼수록 더욱 그리하자."

**1** 본문 말씀을 자신의 말로 쉽게 표현해보라.

"어떤 사람들처럼 교회 모임에 자꾸 빠지려 해서는 안 된다. 주님의 재림이 가까울수록 성도들은 자주 모여 서로 격려해야 한다."

**2** 주님의 재림이 가까울수록 모이기를 더 힘써야 하는 이유는 무엇인가?

- 마지막 때는 세상의 것을 사랑하라는 유혹을 훨씬 더 많이 받기 때문이다.
- 죄를 짓도록 유혹하는 모임이 이전보다 더 많기 때문이다.

**3** 교회 모임(예배, 소그룹 성경 공부, 전도 훈련)을 통해 영적 유익을 얻은 경험이 있으면 말해보라.

## 4  에베소서 4장 1-3절을 읽고, 다음 질문에 답해보라.

"$^1$그러므로 주 안에서 갇힌 내가 너희를 권하노니 너희가 부르심을 받은 일에 합당하게 행하여 $^2$모든 겸손과 온유로 하고 오래 참음으로 사랑 가운데서 서로 용납하고 $^3$평안의 매는 줄로 성령이 하나 되게 하신 것을 힘써 지키라."

**1** 3절에 나오는 하나님의 부름 받은 직분자가 힘써 지켜야 할 것은 무엇인가?

- 다른 지체들과 성령 안에서 평안의 매는 줄로 한 몸이 되었다. 직분자는 이 하나 됨을 힘써 지켜야 한다.

**2** 2절에서 하나 되기 위해서 어떻게 해야 한다고 말하는가?

- 항상 겸손하고 온유한 마음으로 참아주고 사랑으로 받아주어야 한다.

**3** 내가 공동체의 하나 됨을 방해하고 있는 것이 있는가? 내가 바로잡아야 할 부분을 나누어보라.

> 인간은 자기가 맡은 직무를 행하는 것으로 만족하고, 그 이상의 것을 생각하며 괴로워해서는 안 된다.
>
> 마르틴 루터

**5** 오늘 말씀에서 느낀 점과 결단한 점을 말하고 합심해서 기도하자.

삶 에 서 말 씀 녹 여 내 기

- ∞ 성구 암송  히브리서 10:25
  "모이기를 폐하는 어떤 사람들의 습관과 같이 하지 말고 오직 권하여 그날이 가까움을 볼수록 더욱 그리하자."
- ∞ 큐티  로마서 16:1-4
- ∞ 독서 과제  『권세 있는 공동체, 교회』(배창돈, 국제제자훈련원)
- ∞ 생활 과제  교회에서 남모르게 섬긴 일 한 가지를 적고, 그 일을 했을 때 느낀 점 적어 오기
- ∞ 성경 읽기

직분은 교회의 머리 되신 주님이 주신다. 직분을 주신 목적은 섬기는 사람이 되어 건강한 교회를 이루는 데 쓰임 받게 하기 위해서다. 직분자는 그리스도가 십자가에서 당하신 고난을 잊지 말아야 한다. 십자가의 은혜에 대한 감격을 품고 겸손히 교회를 섬겨야 한다. 교회에 모범을 보이고 먼저 앞서 행하는 자가 되어야 한다. 직분을 잘 감당하면 영원한 상급이 있다.

# 43과

# 복된 가정

## 도입

하나님이 최초로 만드신 공동체인 가정이 이 세상의 영적인 흐름을 이끌어간다. 가정이 건강하면 사회가 건강해진다. 그러나 가정이 제 기능을 다하지 못하면 사회가 악해질 수밖에 없다. 가정이 세상을 지탱하는 원천이기 때문이다. 가정은 자녀가 도덕적, 윤리적 기본 인격을 갖추는 정신적인 모태가 된다. 건강한 가정, 믿음의 가정을 이루는 것이야말로 하나님의 뜻이자 자녀에게 줄 수 있는 최고의 선물이며, 이 세상을 밝히는 힘이 됨을 알아야 한다.

## 적용

**1** 창세기 2장 20-24절에서 얻을 수 있는 교훈을 살펴보자.

"$^{20}$아담이 모든 가축과 공중의 새와 들의 모든 짐승에게 이름을 주니라 아담이 돕는 배필이 없으므로 $^{21}$여호와 하나님이 아담을 깊이 잠들게 하시니 잠들매 그가 그 갈빗대 하나를 취하고 살로 대신 채우시고 $^{22}$여호와 하나님이 아담에게서 취하신 그 갈빗대로 여자를 만드시고 그를 아담에게로 이끌어 오시니 $^{23}$아담이 이르되 이는 내 뼈 중의 뼈요 살 중의 살이라 이것을 남자에게서 취하였은즉 여자라 부르리라 하니라 $^{24}$이러므로 남자가 부모를 떠나 그의 아내와 합하여 둘이 한 몸을 이룰지로다."

**1** 돕는 배필의 의미를 말해보라.

- '적합한 반려자'란 뜻으로 책임을 함께 지고 사랑과 이해로 도움을 주며 조력해야 하는 자임을 나타낸다.

▶ 결혼을 했다면, 배우자를 위해 돕는 배필의 역할을 잘 감당하고 있다고 생각하는가? 부족한 부분이 있지는 않은가? 결혼하지 않았다면, 훗날 배우자에게 돕는 배필이 되기 위해 어떤 준비를 해야겠는가?

**2** 하나님은 여자를 어떻게 만드셨는가?

- 아담을 잠들게 하신 후 아담 몸의 일부인 갈빗대로 여자를 만드셨다.
- 부부가 한 몸임을 알 수 있다.

**3** 여자를 본 아담은 어떻게 표현했는가?

- "뼈 중의 뼈요 살 중의 살이라"고 말하며 기쁨을 표현했다.

▶ 배우자를 주신 하나님께 어떻게 감사하고 있는가?

**4** 본문 말씀을 읽고 묵상하며 느낌 점이 있다면 말해보라.

---

## 2 신명기 6장 6-9절을 읽고, 다음 질문에 답해보라.

"⁶늘 내가 네게 명하는 이 말씀을 너는 마음에 새기고 ⁷네 자녀에게 부지런히 가르치며 집에 앉았을 때에든지 길을 갈 때에든지 누워 있을 때에든지 일어날 때에든지 이 말씀을 강론할 것이며 ⁸너는 또 그것을 네 손목에 매어 기호를 삼으며 네 미간에 붙여 표로 삼고 ⁹또 네 집 문설주와 바깥문에 기록할지니라."

**1** 본문 말씀을 자신의 말로 쉽게 표현해보라.

"말씀을 항상 마음속에 기억하고 자녀에게 부지런히 가르쳐야 한다. 집에 앉아 있을 때, 길을 갈 때, 자리에 누웠을 때, 자리에서 일어날 때, 언제든지 가르쳐야 한다. 말씀을 써서 손에 매고 이마에 붙여 항상 기억하고 집 문설주와 대문에도 써서 붙인다."

**2** 본문 말씀을 한마디로 요약하면 무엇이라고 할 수 있는가?

- 가정은 자녀에게 올바른 신앙을 교육하는 장이 되어야 한다.

**3** 가정에서 자녀 신앙 교육을 위해 얼마만큼의 노력을 하고 있는가?

- 본문 말씀에 따르면 가정에서 신앙 교육에 모든 힘을 쏟아야 한다고 말씀한다.

▶ 나의 가정에서 잘되고 있는 부분과 부족한 부분에 대해 말해보라.

> 우리는 자녀가 어디에 있고, 무엇을 하고 있으며, 무엇을 배우고 있는지 알아야 한다. 매일 자녀를 지배하는 것이 아니라 인도함으로서 직접 가르쳐야 한다. 자녀의 손은 부모의 손으로부터 광명의 빛을 발할 것이다.
> J. C. 페니  미국의 백화점 왕, 평신도 전도자

## 3 신명기 12장 7절에서 얻을 수 있는 교훈을 살펴보자.

"거기 곧 너희의 하나님 여호와 앞에서 먹고 너희의 하나님 여호와께서 너희의 손으로 수고한 일에 복 주심으로 말미암아 너희와 너희의 가족이 즐거워할지니라."

**1** 가정은 어떤 곳이 되어야 하는가?

- 하나님이 함께 계셔서 복을 주시는 축복의 장소가 되어야 한다.

**2** 가정에서 하나님을 모시고 살기 위해서 어떤 노력을 하고 있는가?

## 4 시편 128편 1-4절을 읽고, 다음 질문에 답해보라.

"¹여호와를 경외하며 그의 길을 걷는 자마다 복이 있도다 ²네가 네 손이 수고한 대로 먹을 것이라 네가 복되고 형통하리로다 ³네 집 안방에 있는 네 아내는 결실한 포도나무 같으며 네 식탁에 둘러앉은 자식들은 어린 감람나무 같으리로다 ⁴여호와를 경외하는 자는 이같이 복을 얻으리로다."

**1** 본문 말씀을 자신의 말로 쉽게 표현해보라.

> "여호와를 공경하고 두려워하는 자, 말씀대로 사는 자는 수고의 열매를 먹게 될 복 있는 자로, 그의 아내는 열매 맺는 포도나무와 같고 식탁에 앉은 자식들은 어린 감람나무(올리브나무) 같을 것이다."

**2** 복된 가정을 이루기 위해 취해야 할 자세는 무엇인가?

- 하나님을 경외해야 한다.
- 복된 가정은 하나님이 허락해주시는 것이라는 사실을 기억해야 한다.

▶ 복된 가정을 세우기 위해 어떤 노력을 하고 있는가?

**5** 오늘 말씀에서 느낀 점과 결단한 점을 말하고 합심해서 기도하자.

삶 에 서 말 씀 녹 여 내 기

| | | |
|---|---|---|
| ∞ 성구 암송 | **시편 128:1** | |
| | "여호와를 경외하며 그의 길을 걷는 자마다 복이 있도다." | |
| ∞ 큐티 | 잠언 5:15-20 | |
| ∞ 독서 과제 | 『영적으로 건강한 가정 만들기』(데니스·바바라 레이니, 디모데 역간) | |
| ∞ 생활 과제 | 배우자에게 "당신은 내게 가장 고마운 사람이야"라고 고백하기, 자녀에게 "너는 우리 가정의 보배야"라고 말하면서 안아주기 | |
| ∞ 성경 읽기 | | |

하나님은 아담을 만드신 후 돕는 배필로 여자를 만드셨다. 그러므로 부부는 서로 섬기며 상대의 필요를 채워주도록 노력해야 한다. 또한 가정은 자녀에게 올바른 신앙 교육의 장이 되어야 하고, 하나님을 경외하는 장소가 되어야 하며, 하나님을 주인으로 모시고 사는, 하나님이 함께 계셔서 복을 주시는 축복의 장소가 되어야 한다.

# 믿음의 가정

44/과

## 도입

종교 개혁자 장 칼뱅 Jean Calvin은 가정을 "교회 안에 있는 또 하나의 교회"라고 말했는데 이는 가정을 통한 영적인 영향력이 얼마나 대단한가를 잘 표현한 말이라고 할 수 있다. 가족이 각자의 자리에서 지켜야 할 도리를 잘 감당할 때 건강한 믿음의 가정을 이룰 수 있다. 성경은 부부 간, 부모와 자녀 간에 지켜야 할 도리를 명확하게 말씀하고 있다. 하나님이 만드신 가정이기에 하나님의 원칙을 지킬 때 굳건한 믿음의 가정이 되는 것이다.

## 적용

**1** 사도행전 10장 1-5절을 읽고, 하나님이 원하시는 믿음의 가정에 대해 알아보자.

"¹가이사랴에 고넬료라 하는 사람이 있으니 이달리야 부대라 하는 군대의 백부장이라 ²그가 경건하여 온 집안과 더불어 하나님을 경외하며 백성을 많이 구제하고 하나님께 항상 기도하더니 ³하루는 제구 시쯤 되어 환상 중에 밝히 보매 하나님의 사자가 들어와 이르되 고넬료야 하니 ⁴고넬료가 주목하여 보고 두려워 이르되 주여 무슨 일이니이까 천사가 이르되 네 기도와 구제가 하나님 앞에 상달되어 기억하신 바가 되었으니 ⁵네가 지금 사람들을 욥바에 보내어 베드로라 하는 시몬을 청하라."

**1** 본문 말씀을 자신의 말로 쉽게 설명해보라.

"가이사랴에 로마 군대의 백부장 고넬료라는 사람이 있었다. 그는 경건한 사람으로 그의 집에 사는 모든 사람이 하나님을 공경하고 경외했으며 가난한 사람들을 구제하고 늘 하나님께 기도했다. 어느 날 오후 3시쯤, 고넬료가 환상 속에서 하나님의 사자가 '고넬료야!'라고 부르는 소리를 듣고 '주님, 무슨 일이십니까?'라고 물었을 때, '하나님이 네 구제와 기도를 기억하셨다. 너는 지금 사람을 욥바로 보내어 베드로라는 사람을 모셔 오너라' 하는 천사의 목소리를 들었다."

**2** 고넬료는 어떤 사람이었는가?
- 로마의 백부장으로 경건했다. 또한 그의 온 집안이 하나님을 경외했다.
- 항상 기도하는 '기도의 사람'이었으며, 가난한 사람을 구제했다.

**3** 하나님이 고넬료를 어떻게 대하고 계시는가?
- 하나님의 사자를 보내서 직접 대화하셨다.
- 고넬료의 믿음을 인정하시고 사자를 통해 직접 말씀하시며 관심과 사랑을 보이셨다.

**4** 5절에서 고넬료의 가정이 받은 축복은 무엇인가?
- 좋은 믿음의 사람을 만나는 것은 큰 축복인데, 고넬료는 예수님의 수제자 베드로를 만나는 축복을 누렸다.
- 믿음의 가정에 하나님은 좋은 만남을 허락하신다.

▶ 좋은 믿음의 사람을 만나 내가 얻은 유익이 있다면 나누어보라.

---

**2** 욥기 1장 4-5절에서 얻을 수 있는 교훈을 살펴보자.

"⁴그의 아들들이 자기 생일에 각각 자기의 집에서 잔치를 베풀고 그의 누이 세 명도 청하여 함께 먹고 마시더라 ⁵그들이 차례대로 잔치를 끝내면 욥이 그들을 불러다가 성결하게 하되 아침에 일어나서 그들의 명수대로 번제를 드렸으니 이는 욥이 말하기를 혹시 내 아들들이 죄를 범하여 마음으로 하나님을 욕되게 하였을까 함이라 욥의 행위가 항상 이러하였더라."

**1** 본문 말씀을 자신의 말로 쉽게 표현해보라.

"욥의 아들들은 생일이 되면 형제와 누이들을 초대하여 잔치를 베풀었다. 그 후 욥은 자녀를 불러다 그들이 죄를 범하여 마음으로 하나님을 욕되게 했을지도 모른다고 생각하고 한 명 한 명을 위해 이른 아침에 제사를 드렸다. 욥은 하나님 앞에서 사소한 죄 하나라도 짓지 않으려고 노력했다."

**2** 욥의 이런 태도에서 배울 점을 말해보라.

- 자녀가 죄를 짓지 않도록 지켜주려고 노력했다.
- 욥은 조그마한 죄도 용납할 수 없었다.

▶ 자녀를 죄에서 지켜주기 위해 어떤 노력을 하고 있는가?

## 3 말라기 2장 14-16절에서 얻을 수 있는 교훈을 살펴보자.

"¹⁴너희는 이르기를 어찌 됨이니이까 하는도다 이는 너와 네가 어려서 맞이한 아내 사이에 여호와께서 증인이 되시기 때문이라 그는 네 짝이요 너와 서약한 아내로되 네가 그에게 거짓을 행하였도다 ¹⁵그에게는 영이 충만하였으나 오직 하나를 만들지 아니하셨느냐 어찌하여 하나만 만드셨느냐 이는 경건한 자손을 얻고자 하심이라 그러므로 네 심령을 삼가 지켜 어려서 맞이한 아내에게 거짓을 행하지 말지니라 ¹⁶이스라엘의 하나님 여호와가 이르노니 나는 이혼하는 것과 옷으로 학대를 가리는 자를 미워하노라 만군의 여호와의 말이니라 그러므로 너희 심령을 삼가 지켜 거짓을 행하지 말지니라."

**1** 본문 말씀을 자신의 말로 쉽게 표현해보라.

"하나님이 제물을 받지 않으셨던 이유는, 이 사람이 젊어서 결혼한 아내는 언약으로 맺어진 동반자인데 그가 그 약속을 어겼기 때문이다. 하나님은 남편과 아내를 만드시고 둘이 한 몸이 되어 경건한 자녀를 낳기를 바라셨기에 젊어서 결혼한 아내와 맺은 언약을 어기지 말라고 명령하셨다. 하나님은 이혼과 학대하는 자를 미워하신다."

**2** 본문 말씀을 한마디로 요약하면 무엇이라고 할 수 있는가?

- 하나님은 이혼과 학대를 싫어하신다. 그분은 우리가 배우자를 성실하게 대하고 자녀를 경건한 믿음의 사람으로 양육하는 것을 좋아하신다.

▶ 나는 배우자에게 성실한가? 내가 반드시 고쳐야 할 부분이 있으면 말해보라.

**4** 디모데후서 1장 5절을 읽고 나서 느낀 점을 말해보라.

"이는 네 속에 거짓이 없는 믿음이 있음을 생각함이라 이 믿음은 먼저 네 외조모 로이스와 네 어머니 유니게 속에 있더니 네 속에도 있는 줄을 확신하노라."

- 디모데는 어머니 유니게와 외조모 로이스의 믿음을 물려받아 신실한 믿음의 사람이 되었다.
- 부모(어머니)는 자녀에게 좋은 신앙의 유산을 남겨주어야 한다.

▶ 나는 자녀가 신실한 믿음의 사람이 되도록 어떤 노력을 하고 있는가?

▶ 나의 자녀가 믿음으로 잘 자랐다고 말할 수 있는가? 더 노력해야 할 점은 없는가?

> 거룩하고 즐거운 가정이 되지 못하면 위대한 가정도 위대한 국가도 없다. **우치무라 간조**

**5** 오늘 말씀에서 느낀 점과 결단한 점을 말하고 합심해서 기도하자.

삶 에 서 말 씀 녹 여 내 기

- ∞ 성구 암송　신명기 12:7
  "거기 곧 너희의 하나님 여호와 앞에서 먹고 너희의 하나님 여호와께서 너희의 손으로 수고한 일에 복 주심으로 말미암아 너희와 너희의 가족이 즐거워할지니라."
- ∞ 큐티　신명기 11:18-21
- ∞ 독서 과제　『원만한 결혼 생활』(잭·캐롤 메이홀, 네비게이토 역간)
- ∞ 생활 과제　매일 아침 자녀에게 축복 기도 해주기, 잠자리에 들기 전 가족과 손잡고 기도하기
- ∞ 성경 읽기

좋은 믿음의 사람을 만나는 것은 큰 축복이다. 하나님은 믿음의 가정에 좋은 만남을 허락하신다. 부모는 자녀에게 좋은 믿음의 유산을 물려주어, 자녀가 믿음의 사람으로 자랄 수 있도록 잘 양육해야 한다. 또한 자녀를 죄에서 지켜주기 위해 최선을 다해야 한다. 너무 가까이 있고 익숙해서 소홀하기 대하기 쉬운 사람이 배우자다. 하나님은 말씀에서 분명하게 배우자를 아껴주고 사랑하라고 말씀하셨다. 배우자를 무시하고 함부로 대하며, 하나님이 자신에게 허락해주신 배우자로 만족을 못 하여 다른 곳을 바라보고 있다면, 얼른 돌이키라. 그가 하나님이 허락해주신 내 인생의 동반자라는 사실을 떠올려보라.

# 부모 공경

## 도입

부모 공경은 사람이 지켜야 할 가장 기본적이고 중요한 도리다. 하나님은 부모 공경을 사람 사이에서 지켜야 할 첫 번째 계명으로 주셨다. 그러므로 우리는 부모를 공경해야 한다는 이 명령을 소홀히 하거나 이 명령에 불순종해서는 안 된다. 부모의 헌신과 사랑 없이 스스로 된 사람은 없다. 모든 것이 부모님의 사랑으로 이루어졌기 때문이다. 일본 구세군을 세운 야마무로 군페이(山室 軍平)는 자신이 공부하는 동안 계란 장사를 하며 학비를 마련해준 어머니의 고생을 기억하며, 장성해서도 계란을 먹지 않았다고 한다. 다음 말씀에서 부모 공경에 대한 하나님의 뜻을 살펴보자.

## 적용

**1** 출애굽기 20장 12절에서 깨달을 수 있는 의미를 나누어보라.

"네 부모를 공경하라 그리하면 네 하나님 여호와가 네게 준 땅에서 네 생명이 길리라."

- 부모 공경은 계명으로 주셨다.
- 사람 관계에서 첫 번째 계명으로 주실 만큼 부모 공경은 중요하다.

**2** 에베소서 6장 1-3절을 읽고, 다음 질문에 답해보라.

"¹자녀들아 주 안에서 너희 부모에게 순종하라 이것이 옳으니라 ²네 아버지와 어머니를 공경하라 이것은 약속이 있는 첫 계명이니 ³이로써 네가 잘되고 땅에서 장수하리라."

**1** 본문 말씀을 자신의 말로 쉽게 표현해보라.

"믿는 자녀라면 마땅히 부모에 순종해야 한다. 십계명에도 '네 부모를 공경하라'는 명령이 있다. 이는 첫 계명으로 부모 공경을 하는 자는 '하는 일이 다 잘 되고 땅에서 장수할 것'이라는 약속을 보장받는다."

**2** 부모 공경으로 얻는 복은 무엇인가?

- 잘되고 땅에서 장수할 것이다.

---

**3** 다음 성경말씀을 읽고 느낀 점을 말해보라.

**1** 잠언 15:20

"지혜로운 아들은 아비를 즐겁게 하여도 미련한 자는 어미를 업신여기느니라."

- 지혜로운 자는 부모의 훈계에 순종하는 자를 말하고 미련한 자는 부모의 뜻을 무시하고 자신의 뜻대로 악한 길로 가는 자를 말한다.

▶ 부모의 훈계를 귀담아 듣고 순종하고 있는가? 그렇지 못하다면 그 이유는 무엇인가?

**2** 잠언 20:20

"자기의 아비나 어미를 저주하는 자는 그의 등불이 흑암 중에 꺼짐을 당하리라."

- 부모를 저주하는 자는 하나님의 진노를 피할 수 없음을 나타내는 말씀이다.
- 부모에게 저주하는 자에게는 어떤 희망도 없다.

**3** 잠언 30:17

"아비를 조롱하며 어미 순종하기를 싫어하는 자의 눈은 골짜기의 까마귀에게 쪼이고 독수리 새끼에게 먹히리라."

- 부모를 비웃고 경멸하는 패륜적 행위는 무서운 결과를 낳는다는 사실을 아주 강력하게 경고하고 있다.
- 눈이 까마귀에게 쪼이고 독수리 새끼에게 먹힌다고 생각해보라. 이는 부모를 조롱한 결과가 얼마나 끔찍한가를 말씀한 것이다.

## 4 부모를 공경한 실제적인 예에서 얻는 교훈을 말해보라.

### 1 예수님: 요한복음 19:26-27

"$^{26}$예수께서 자기의 어머니와 사랑하시는 제자가 곁에 서 있는 것을 보시고 자기 어머니께 말씀하시되 여자여 보소서 아들이니이다 하시고 $^{27}$또 그 제자에게 이르시되 보라 네 어머니라 하신대 그때부터 그 제자가 자기 집에 모시니라."

- 예수님은 제자 요한에게 연로한 어머니 마리아를 돌봐주기를 부탁하셨다.
- 연로한 부모를 섬기는 것이 마땅한 일임을 알려주신다.

▶ 나는 연로한 부모님을 어떻게 대하고 있는가?

### 2 룻: 룻기 2:11

"보아스가 그에게 대답하여 이르되 네 남편이 죽은 후로 네가 시어머니에게 행한 모든 것과 네 부모와 고국을 떠나 전에 알지 못하던 백성에게로 온 일이 내게 분명히 알려졌느니라."

- 남편이 죽은 이후에도 시어머니를 극진히 모시기 위해 고국을 떠난 것을 칭찬하고 있다.
- 부모를 공경하는 사람은 모든 사람의 칭찬을 받는다.

> 부모의 은혜를 모르는 자식을 두는 것은 독사의 이빨에 물리는 것보다 얼마나 더 아픈가?
> 셰익스피어 영국의 극작가

**5** 오늘 말씀에서 느낀 점과 결단한 점을 말하고 합심해서 기도하자.

삶 에 서 말 씀 녹 여 내 기

∞ 성구 암송   **출애굽기 20:12**
"네 부모를 공경하라 그리하면 네 하나님 여호와가 네게 준 땅에서 네 생명이 길리라."
∞ 큐티         잠언 6:20-22
∞ 독서 과제
∞ 생활 과제   부모님께 안부 전화해서 감사와 공경을 표현하고 느낀 점 써 오기
∞ 성경 읽기

부모 공경은 사람 관계에서 첫 번째 계명으로 주실 만큼 중요하다. 부모 공경의 결과는 잘되고 땅에서 장수하는 것이다. 지혜로운 자는 부모의 훈계에 순종하고, 미련한 자는 부모의 뜻을 무시하며 자신의 뜻대로 악한 길로 간다고 성경에 나와 있다. 부모를 저주하면 하나님의 진노를 피할 수 없다. 예수님은 제자 중 한 명에게 연로한 어머니 마리아를 돌봐주기를 부탁하시며 부모를 섬기는 것이 마땅한 일임을 알려주셨다. 부모 공경은 자녀로서 마땅히 해야 할 도리다.

# 자녀 교육

## 도입

믿음의 가정에서 부모의 역할은 참으로 중요하다. 세상의 부모는 자녀가 성공하도록 세상적인 교육에 치중한다면 믿음의 부모는 영적인 자산을 물려주기 위해 온 힘을 쏟는다. 이 세상의 온갖 죄의 유혹이 자녀를 병들게 하기에, 자녀가 믿음의 사람으로 자랄 수 있도록 기도하고 말씀으로 잘 양육하는 데 전심전력해야 한다. 그뿐만 아니라 부모가 말씀대로 살아가는 모범을 보여준다면 이보다 더 좋을 수는 없을 것이다.

## 적용

**1** 다음 성경말씀에서 깨달을 수 있는 의미를 말해보라.

**1** 창세기 33:5

"에서가 눈을 들어 여인들과 자식들을 보고 묻되 너와 함께한 이들은 누구냐 야곱이 이르되 하나님이 주의 종에게 은혜로 주신 자식들이니이다."

— 자녀는 하나님이 주신 선물이다.

**2** 열왕기상 15:26

"그가 여호와 보시기에 악을 행하되 그의 아버지의 길로 행하며 그가 이스라엘에게 범하게 한 그 죄 중에 행한지라."

"나답은 여호와께서 보시기에 악한 왕이었습니다. 전에 여로보암이 이스라엘 백성에게 죄를 짓게 했는데, 나답 역시 여로보암이 지은 모든 죄를 그대로 따라 했습니다"(쉬운성경).

- 자녀는 부모를 닮는다.

## 2  신명기 6장 1-9절을 읽고, 다음 질문에 답해보라.

"¹이는 곧 너희의 하나님 여호와께서 너희에게 가르치라고 명하신 명령과 규례와 법도라 너희가 건너가서 차지할 땅에서 행할 것이니 ²곧 너와 네 아들과 네 손자들이 평생에 네 하나님 여호와를 경외하며 내가 너희에게 명한 그 모든 규례와 명령을 지키게 하기 위한 것이며 또 네 날을 장구하게 하기 위한 것이라 ³이스라엘아 듣고 삼가 그것을 행하라 그리하면 네가 복을 받고 네 조상들의 하나님 여호와께서 네게 허락하심같이 젖과 꿀이 흐르는 땅에서 네가 크게 번성하리라 ⁴이스라엘아 들으라 우리 하나님 여호와는 오직 유일한 여호와이시니 ⁵너는 마음을 다하고 뜻을 다하고 힘을 다하여 네 하나님 여호와를 사랑하라 ⁶오늘 내가 네게 명하는 이 말씀을 너는 마음에 새기고 ⁷네 자녀에게 부지런히 가르치며 집에 앉았을 때에든지 길을 갈 때에든지 누워 있을 때에든지 일어날 때에든지 이 말씀을 강론할 것이며 ⁸너는 또 그것을 네 손목에 매어 기호를 삼으며 네 미간에 붙여 표로 삼고 ⁹또 네 집 문설주와 바깥문에 기록할지니라."

**1** 본문 말씀을 자신의 말로 쉽게 표현해보라.

"이 말씀은 이스라엘 백성과 자녀와 자손이 요단 강을 건너가 지켜야 할 말씀으로, 여호와를 평생토록 섬기게 하기 위해 주신 말씀이다. 이 말씀을 잘 듣고 부지런히 지키면 하나님이 약속하신 땅에서 잘되어 큰 나라가 될 것이다. 하나님 여호와는 오직 한 분이시다. 그러므로 마음과 뜻과 힘을 다하여 그분을 사랑하고 그분이 주시는 이 명령을 항상 마음속에 기억해야 한다. 그리고 자녀에게도 어디서든지 부지런히 이 말씀을 가르쳐야 한다. 말씀을 손에 매고 이마에 붙여 항상 기억하고 생각하며, 집의 문설주와 대문에도 써서 붙여야 한다."

**2** 2-3절에서 자녀에게 부지런히 신앙 교육을 해야 할 이유를 무엇이라고 하는가?

- 자녀와 손자가 평생 하나님 여호와를 경외하고 그분의 말씀을 지켜 하나님이 주시는 복을 받고 크게 번성하도록 하기 위해서다.

**3** 5-6절에서 말씀을 가르치는 부모의 자세가 어때야 한다고 나오는가?

- "마음을 다하고"란 뜻은 전인격적으로 온 힘을 다해 하나님을 사랑하라는 의미다.
- "이 말씀을…마음에 새기고"는 말씀대로 살아가는 자세를 가져야 한다는 의미다.

**4** 자녀의 신앙 교육을 어떻게 하고 있는가? 자녀를 교육할 때 내게 부족한 점이나 고쳐야 할 점이 있는가?

▶ 솔직하게 자신의 이야기를 나누어보라.

---

## 3 에베소서 6장 4절에서 얻을 수 있는 교훈을 말해보라.

"또 아비들아 너희 자녀를 노엽게 하지 말고 오직 주의 교훈과 훈계로 양육하라."

- 부모는 자녀의 마음을 상하거나 화나게 하기 위해서가 아니라 자녀를 바른 길로 가게 하기 위해 훈계해야 한다.
- 자신의 욕심이나 세상의 흐름에 따라 자녀를 키울 것이 아니라 주님의 훈계와 가르침으로 양육해야 한다.

  ▶ 자녀를 노엽게 하는 것이 무엇인가?
  - 반복적인 잔소리, 비난, 혹평, 위압적인 책망, 비교 등
  - 분노한 상태로는 자녀를 제대로 양육할 수 없다.

> 아이들의 제멋대로 하려는 마음을 없애고 그들의 영혼을 구하기 위하여 하나님과 동행하라.
>
> 수잔나 웨슬리 감리교 창시자, 존 웨슬리의 어머니

**4** 오늘 말씀에서 느낀 점과 결단한 점을 말하고 합심해서 기도하자.

---

삶 에 서 말 씀 녹 여 내 기

- **성구 암송** 에베소서 6:4
 "또 아비들아 너희 자녀를 노엽게 하지 말고 오직 주의 교훈과 훈계로 양육하라."
- **큐티** 잠언 22:4-6
- **독서 과제** 『하나님의 인도』(제임스 패커, IVP 역간)
- **생활 과제** 자녀에게 매일 한 번 이상 칭찬과 격려의 말하기
- **성경 읽기**

---

자녀는 하나님이 주신 선물이다. 자녀는 부모를 닮는다. 그러므로 부모는 자녀에게 하나님을 경외하고 말씀을 지켜 행하는 순종의 모범을 보여야 한다. 또한 자녀가 평생 하나님을 경외하고 하나님 말씀을 지키며 살도록 부지런히 가르쳐야 한다. 자녀가 바른 길로 가도록 말씀으로 훈계하고 도와주는 것이 자녀에게 줄 수 있는 최고의 선물이며 부모로서 해야 할 가장 중요한 본분이다.

## 47과

# 남편의 아내 사랑

## 도입

주경 신학자인 윌리엄 바클레이는 "남편은 아내를 동정하고 그녀의 감정에 민감해야 한다"라고 했다. 세계에서 어깨를 겨룰 수 없을 만큼 매우 아름다운 부인이 있었다. 그러나 남편은 볼품없는 남자였다. 누군가 부인에게 물었다. "어찌하여 이런 추하고 작은 남자와 결혼하여 지금까지 그를 충실하게 섬기고 있습니까?"라고 묻자 그녀는 "그것은 그가 한 번도 나의 마음을 상하게 한 일이 없기 때문입니다"라고 대답했다고 한다. 이 시간, 말씀에서 남편의 역할에 대해 살펴보자.

## 적용

**1** 다음 성경구절에서 얻을 수 있는 교훈은 무엇인가?

**1** 에베소서 5:25

"남편들아 아내 사랑하기를 그리스도께서 교회를 사랑하시고 그 교회를 위하여 자신을 주심같이 하라."

▶ 남편들이 그리스도께서 교회를 사랑하시듯 아내를 사랑해야 한다는 이 말씀의 의미는 무엇인가?

- 주님이 자신의 몸을 십자가에 못 박아 우리에 대한 사랑을 나타내신 것같이 남편은 아내를 사랑해야 한다.
- 남편은 아내의 영적 성장에도 관심을 가져야 한다.

▶ 이 말씀에 비추어 내가 아내를 얼마만큼 사랑했는지 평가해보라.

**2** 에베소서 5:28

"이와 같이 남편들도 자기 아내 사랑하기를 자기 자신과 같이 할지니 자기 아내를 사랑하는 자는 자기를 사랑하는 것이라."

▶ 아내를 사랑하는 것은 누구를 사랑하는 것인가?

- 부부는 한 몸이므로 자신을 사랑하는 것이라고 할 수 있다.

## 2 베드로전서 3장 7절을 읽고, 다음 질문에 대답해보라.

"남편들아 이와 같이 지식을 따라 너희 아내와 동거하고 그를 더 연약한 그릇이요 또 생명의 은혜를 함께 이어받을 자로 알아 귀히 여기라 이는 너희 기도가 막히지 아니하게 하려 함이라."

**1** 본문 말씀을 자신의 말로 쉽게 표현해보라.

"남편은 아내를 잘 이해하고 돌봐주어야 한다. 또 남편은 아내가 연약한 존재임을 알고 그녀를 존중해야 한다. 아내는 생명을 함께 이어받을 자이기에 소중히 대하고 기도가 막히지 않게 해야 한다."

**2** "지식을 따라 너희 아내와 동거하[라]"는 말씀은 결혼 생활에서 하나님의 뜻을 충분히 이해하고 행하라는 뜻이다. 결혼 생활에서 결정해야 할 일이 있을 때 나는 어떻게 하는가?

- ▶ 세상의 기준에 따라 결정하는가?

- ▶ 아내의 뜻보다는 내 뜻에 따라 결정한다면, 그 이유는 무엇인가?

**3** 아내가 연약한 그릇이라는 말씀은 무슨 뜻인가?

- 육체적인 연약함을 말한다.

- ▶ 집안일이나 육아나 돈 버는 일 등 아내가 그 일을 하는 것을 당연한 것으로 여기지 않는가?

- ▶ 아내를 위해 기도해야 할 이유는 무엇인가? 아내의 짐을 함께 담당하기 위해 나는 무엇을 해야 하는가?

**4** 남편이 아내를 귀히 여겨야 할 가장 중요한 이유는 무엇인가?

- 기도가 막히기 때문이다.
- 하나님이 기도를 받지 않으실 만큼 아내를 귀하게 여기지 않는 것을 싫어하심을 알아야 한다.
- 부부 관계는 하나님과 올바른 관계를 맺는 데 영향을 준다. 그만큼 남편이 아내를 대하는 자세가 중요하다는 사실을 알아야 한다.

**5** 본문에서 특별히 깨달은 점이 있으면 나누어보라.

## 3 마태복음 19장 5-6절에서 얻을 수 있는 교훈을 말해보라.

"⁵말씀하시기를 그러므로 사람이 그 부모를 떠나서 아내에게 합하여 그 둘이 한 몸이 될지니라 하신 것을 읽지 못하였느냐 ⁶그런즉 이제 둘이 아니요 한 몸이니 그러므로 하나님이 짝지어 주신 것을 사람이 나누지 못할지니라 하시니."

**1** 본문의 핵심 내용을 요약해보라.

- 결혼으로 남자는 부모를 떠나야 한다(결혼을 하면 부부는 상대방을 부모보다 더 우선하게 된다).

- 결혼과 함께 아내와 합하여 둘은 한 몸이 된다(부부는 상대방을 자기 몸의 일부로 여기고 세심하게 사랑해야 한다).
- 하나님이 짝지어 주셨기에 사람이 나눌 수 없다(결혼을 자신의 판단에 따라 파기할 수는 없다).

**4** 골로새서 3장 19절에서 얻을 수 있는 교훈을 말해보라.

"남편들아 아내를 사랑하며 괴롭게 하지 말라."

- 남편의 권위는 외적인 억압이나 힘이 아니라 아내에 대한 사랑으로 인정받는다.

▶ 아내를 대하는 자세 가운데 내가 반드시 고쳐야 할 점은 무엇인가?

이해심은 많은 남편을 화를 내지 않는다.　　　A. 모로아　프랑스의 소설가

**5** 오늘 말씀에서 느낀 점과 결단한 점을 말하고 합심해서 기도하자.

삶 에 서 말 씀 녹 여 내 기

∞ 성구 암송　에베소서 5:25
"남편들아 아내 사랑하기를 그리스도께서 교회를 사랑하시고 그 교회를 위하여 자신을 주심같이 하라."
∞ 큐티　사무엘상 1:1-8
∞ 독서 과제　『결혼 생활의 압력을 극복하는 쉼표 하나』(데니스·바바라 레이니, 디모데 역간)
∞ 생활 과제　아내에게 "사랑한다"고 자주 표현하기
∞ 성경 읽기

---

성경에서는 아내에 대한 남편의 사랑을 예수님이 교회에 쏟는 사랑에 비유했을 정도로, 남편의 아내 사랑은 중요하다. 남편은 예수님이 십자가에 자기 몸을 내어주기까지 우리를 사랑하신 것처럼 아내를 사랑해야 한다. 남편이 아내를 사랑하는 것은 곧 자기를 사랑하는 것이 된다. 부부는 한 몸이므로 내가 아내를 세워줄 때 나 또한 세움을 받기 때문이다. 남편으로서의 권위도 억압이나 힘으로 세울 수 있는 것이 아니다. 남편이 먼저 아내를 사랑하고 다정하게 대하며, 아내의 수고를 덜어줄 때 자연스럽게 남편으로서 존경을 받게 된다. 연약한 아내를 돕고 귀하게 여길 때 행복한 가정이 될 것이다.

# 아내의 남편 사랑

**48과**

## 도입

성경은 여성이 남성보다 열등하다고 가르치지 않는다. 오히려 아내가 남편의 면류관이 될 수 있다고 말씀한다. 이는 아내의 역할이 얼마나 중요한지를 나타낸다. 가정에서 아내가 해야 할 역할이 있다. 아내가 남편을 가정의 머리로 인정하고 질서에 따라 행동하는 지혜를 발휘하면, 남편의 부족한 면을 채워 일의 가치를 높일 수 있을 뿐만 아니라 두 사람은 세상을 이끄는 가장 강한 힘을 갖게 된다. 성경말씀을 통해 아내의 역할에 대해 깊이 있게 나누어보자.

## 적용

**1** 다음 성경구절에서 얻을 수 있는 교훈을 알아보라.

**1** 잠언 12:4

"어진 여인은 그 지아비의 면류관이나 욕을 끼치는 여인은 그 지아비의 뼈가 썩음 같게 하느니라."

▶ 어진 여인과 욕을 끼치는 여인은 어떤 여인을 말하는 것일까?

- 어진 여인이란 덕이 있고 정숙한 여인을 말한다.
- 욕을 끼치는 여인이란 게으르고 낭비벽이 심하며 부끄러운 행동을 일삼는 여인을 말한다.

▶ '남편의 뼈를 썩게 한다'는 것은 남편에게 심한 좌절과 고통을 주는 것을 말한다.
이 말씀을 보고 느낀 점이나 새롭게 결단한 점이 있다면 나누어보자.

### 2 잠언 18:22

"아내를 얻는 자는 복을 얻고 여호와께 은총을 받는 자니라."

▶ 여기서 아내는 어떤 아내를 말할까?

- 칠십인역(LXX)에서는 "좋은 아내"로 표현했는데, 이는 현숙한 여인으로 내로 가족에게 기쁨과 평안함을 주는 아내를 말한다.

▶ 좋은 아내가 되기 위해 어떤 노력을 하고 있는가?

## 2 에베소서 5장 22-24절을 읽고, 다음 질문에 답해보라.

"²²아내들이여 자기 남편에게 복종하기를 주께 하듯 하라 ²³이는 남편이 아내의 머리 됨이 그리스도께서 교회의 머리 됨과 같음이니 그가 바로 몸의 구주시니라 ²⁴그러므로 교회가 그리스도에게 하듯 아내들도 범사에 자기 남편에게 복종할지니라."

### 1 본문 말씀을 자신의 말로 쉽게 표현해보라.

"주님께 순종하듯 아내들은 남편에게 순종하라. 그리스도께서 교회의 머리가 되시듯 남편이 아내의 머리가 된다. 교회는 그리스도의 몸으로 교회가 그리스도의 권위 아래 있듯이 아내가 남편에게 순종하는 것은 당연하다."

### 2 예수님은 가정에서 어떤 위치에 계시는가?

- 교회의 머리 되신 주님은 가정에서도 머리이시다.
- 부부는 머리 되신 주님께 먼저 순종하여 건강한 가정을 만들 수 있다.
- 남편 역시 머리 되신 주님께 순종하는 모범을 보이면 가정을 믿음으로 잘 이끌 수 있다.

▶ 주님이 교회의 머리가 되시듯 아내는 남편을 가정의 머리로 인정하고 있는가? 아직 부족하다면 어떤 부분에서 그러한가?

**3** 아내는 남편에게 어떻게 복종해야 하는가? 그리고 그 이유는 무엇이라고 생각하는가?

- 아내는 남편을 대할 때 주께 하듯 해야 한다.
- 주께 하듯 하라는 것은 남편이 주께 자원하는 마음으로 복종하듯 아내도 자원하는 마음으로 남편에게 복종하라는 것이다.

## 3 디도서 2장 5절에서 얻을 수 있는 교훈을 말해보라.

"신중하며 순전하며 집안일을 하며 선하며 자기 남편에게 복종하게 하라 이는 하나님의 말씀이 비방을 받지 않게 하려 함이라."

**1** 아내가 지녀야 할 덕목을 요약해보라.

- "신중"은 자신의 마음을 잘 다스리는 것을 말한다.
- "순전"은 정절을 잘 지켜 순수한 마음을 가지는 것을 말한다.
- "집안일"은 아내가 마땅히 해야 할 가사를 말한다.
- "선하[다]"는 것은 가족에게 친절하게 대함으로 아내와 어머니 역할을 잘 감당하는 것을 말한다.
- 아내는 남편에게 복종해야 한다.

**2** 아내가 위의 덕목을 지킬 때 어떤 결과를 낳는가?

- 하나님의 말씀이 비방받지 않는다.

▶ 하나님 말씀이 비방받지 않는다는 것은 무슨 뜻인가?

- 불신자들에게 하나님 말씀이 비방받지 않는다는 뜻으로 아내가 그 역할을 잘 감당하면 하나님의 영광이 드러난다.

아내는 젊은 남자에게는 연인이고 중년 남자에게는 반려자이며 노인에게는 보호자다.

F. 베이컨 영국의 정치가, 철학자

**4** 오늘 말씀에서 느낀 점과 결단한 점을 말하고 합심해서 기도하자.

삶 에 서 말 씀 녹 여 내 기

∞ 성구 암송  잠언 12:4
"어진 여인은 그 지아비의 면류관이나 욕을 끼치는 여인은 그 지아비의 뼈가 썩음 같게 하느니라."
∞ 큐티  사무엘하 6:16-23
∞ 독서 과제  『친밀한 부부 관계의 원리』(짐·제리 화이트, 네비게이토 역간)
∞ 생활 과제  남편에게 존경과 감사의 말 매일 한 번 이상 하고 느낀 점 써 오기
∞ 성경 읽기

가족에게 기쁨과 평안함을 주는 현숙한 아내를 얻은 남편은 복 받은 사람이다. 아내는 주께 하듯 남편에게 순종해야 한다. 부부가 함께 가정의 머리 되신 주님께 순종할 때 건강한 가정을 이룰 수 있다. 아내의 역할을 잘 감당하면 하나님의 영광이 드러난다.

# 5단원

# 섬기는 제자

# 49과

# 감사하는 생활 1

## 도입

성도들의 두드러진 생활 가운데 하나가 바로 감사하는 생활이다. 감사는 자신을 건강하게 하고 하나님을 기쁘시게 해드린다. "하나님이 이미 내려주신 은혜에 감사하라. 그러면 하나님이 다시 새로운 은혜를 내려주실 것이다. 묵은 은혜에 대한 감사 없이 새로운 은혜를 받기는 어렵다"라고 우치무라 간조가 한 말은 우리에게 찔림을 주는 내용이 아닐 수 없다. 이 시간, 함께 감사에 대해 나누어보자.

## 적용

**1** 지난 한 주간의 감사 제목을 다른 사람들에게 나누어보자. 또 다른 사람의 감사 제목은 무엇이었는지 들어보자.

**2** 데살로니가후서 2장 13절에서 우리가 감사해야 할 이유를 살펴보자.

"주께서 사랑하시는 형제들아 우리가 항상 너희에 관하여 마땅히 하나님께 감사할 것은 하나님이 처음부터 너희를 택하사 성령의 거룩하게 하심과 진리를 믿음으로 구원을 받게 하심이니."

**1** 우리가 늘 감사하며 살아야 하는 이유는 무엇인가?

- 우리는 구원받은 자이기에 하나님께 항상 감사드려야 한다.
- 많은 사람 가운데서 선택받아 진리를 믿음으로 구원받게 하셨으니 이보다 더 감사한 일은 없을 것이다.

**2** 구원받은 것 때문에 감사하는 삶을 살고 있다고 자신 있게 말할 수 있는가?

▶ 감사하는 삶을 살지 못하고 있다면 그 이유는 무엇인가?


**3** 데살로니가전서 5장 18절에서 얻을 수 있는 교훈을 살펴보자.

"범사에 감사하라 이것이 그리스도 예수 안에서 너희를 향하신 하나님의 뜻이니라."

**1** 하나님은 우리가 얼마나 감사하며 살기를 원하시는가?

- 하나님은 우리가 모든 일에 감사하길 원하신다.

▶ 나는 얼마나 감사하고 있는가? 다른 사람들과 솔직하게 나누어보라.

**2** 모든 일에 감사하며 사는 것이 하나님의 뜻이라는 말씀에 대해 느낀 점을 말해보라.

- 감사하지 않고 사는 삶이 불순종이라는 것을 생각해본 적이 있는가?

**3** 감사할 수 없는 상황에서 감사한 적이 있었는가? 만약 그런 적이 있다면, 그 결과에 대해 말해보라.

- 범사에 감사한다는 것은 어떤 일이든 주관자가 하나님이심을 인정할 때만 가능하다(감사할 수 없는 일도 그 일을 통해 오묘하게 간섭하고 인도하시는 하나님을 신뢰할 때 감사할 수 있다).

- 하나님은 감사하는 자를 기뻐하심을 기억하자.
- 하나님은 순종하는 자에게 복 주기를 원하신다. 그리고 모든 일에 감사하는 자와 교제하신다.
- 불평하는 자는 하나님께 가까이 갈 수도, 칭찬받을 수도 없다. 오히려 진노와 책망만 받을 뿐이다.

## 4  시편 140편 13절에서 의인의 특징을 살펴보라.

"진실로 의인들이 주의 이름에 감사하며 정직한 자들이 주의 앞에서 살리이다."

- 의인은 주님께 감사한다.
- 성도의 감사 지수를 통해 그의 영적 상태를 알 수 있다.
- 주의 이름에 감사하는 자는 하나님을 찬양하며 살 수 있다.
- 어려움 속에서도 감사하고 산다면 주님께 인정받는 자가 된다.

## 5  요한계시록 7장 12절을 읽고, 다음 질문에 답해보라.

"이르되 아멘 찬송과 영광과 지혜와 감사와 존귀와 권능과 힘이 우리 하나님께 세세토록 있을지어다 아멘 하더라."

### 1 본문 말씀을 자신의 말로 쉽게 표현해보라.

"천사들은 '아멘 우리 하나님께 찬송과 영광과 지혜와 감사와 존귀와 능력과 힘이 영원토록 함께 하소서! 아멘' 하고 외쳤다."

### 2 이 말씀은 천국 생활의 주된 내용이다. 하나님께 찬송을 올려드리는 이 말씀에서 느낀 점이 있는가? 있다면 다른 사람과 나누어보라.

- 이 땅에서 감사하며 사는 자는 미리 천국의 맛을 보며 살 수 있다.

▶ 천국 백성으로서 나의 감사 생활에 어떤 문제점이 있는지 솔직하게 말해보라.

> 삶에서 중요한 것은 모든 것을 당연히 받아들이느냐 감사함으로 받아들이느냐는 것이다.
>
> G. K. 체스터턴 저자, 변증가

**6** 오늘 말씀에서 느낀 점과 결단한 점을 말하고 합심해서 기도하자.

삶 에 서 말 씀 녹 여 내 기

- ∞ 성구 암송  시편 140:13
  "진실로 의인들이 주의 이름에 감사하며 정직한 자들이 주의 앞에서 살리이다."
- ∞ 큐티  역대상 15:25-26
- ∞ 독서 과제  『감격하며 살아야 할 그리스도인』(하진승, 네비게이토)
- ∞ 생활 과제  매일 감사 제목 다섯 가지 기록하기
- ∞ 성경 읽기

우리가 감사하며 살아야 하는 가장 큰 이유는 값없이 구원을 받았기 때문이다. 구원받은 은혜보다 더 감사한 일은 없다. 그런데 구원의 은혜를 잊으면 감사를 잊어버리게 된다.

감사하지 않는 삶을 사는 사람은 하나님께 불순종하는 것이라는 사실을 아는가? 반면 고난 가운데서도 감사하는 사람은 하나님의 뜻을 이루어드리는 삶을 살 수 있다. 우리 삶의 주관자가 하나님이심을 인정할 때 범사에 감사할 수 있다.

# 감사하는 생활 2

**50과**

## 도입

하나님은 감사하는 삶을 가장 원하시고 기쁘게 받으신다. 칼뱅은 "뿔과 굽이 있는 황소로 드리는 제사, 즉 값있고 귀한 희생물로 드리는 제사보다 하나님이 더욱 기쁘게 받으실 아름답고 향기로운 제사는 바로 감사다"라고 말했다. 이처럼 감사만큼 하나님을 기쁘시게 해드리는 것이 없음을 기억해야 한다.

## 적용

**1** 지난 한 주간 하나님께 감사드린 것이 있다면 말해보라. 또 다른 사람이 어떤 감사를 드리는지도 주의 깊게 들어보라.

**2** 예수님이 아버지께 드렸던 감사에 대해 살펴보자.

**1** 요한복음 6:11

"예수께서 떡을 가져 축사하신 후에 앉아 있는 자들에게 나눠 주시고 물고기도 그렇게 그들의 원대로 주시니라."

- 예수님이 일용할 양식을 앞에 두고 축사하셨다는 것은 감사 기도를 드렸다는 뜻이다.
- 하나님이 공급해주시는 양식을 너무 당연하다고 생각하여 감사를 잃고 살지는 않았는가?
- 모든 것을 공급하시는 분은 하나님이심을 잊지 말아야 한다.
- 조그마한 것에서부터 감사하는 자가 주님을 기쁘시게 해드린다.

**2** 요한복음 11:41

"돌을 옮겨 놓으니 예수께서 눈을 들어 우러러 보시고 이르시되 아버지여 내 말을 들으신 것을 감사하나이다."

- 예수님은 기도 응답을 해주신 데 대해 "눈을 들어 [하늘을] 우러러 보시고" 하나님 아버지께 감사드리고 있다.
- 예수님이 마음을 다해 감사를 표현하고 계심을 알 수 있다.
- 기도 응답을 받은 데 감사하는 것은 당연한 일이다.

▶ 기도 응답을 받았을 때 어떻게 감사를 표현하는가?

## 3  다음 성경구절에서 감사의 조건에 대해 알아보자.

**1** 고린도후서 9:15

"말할 수 없는 그의 은사로 말미암아 하나님께 감사하노라."

- 말할 수 없는 은사(선물)는 우리가 구원받은 것이다.
- 구원받은 것을 진정으로 감사하고 있는가?

## 2 고린도전서 15:57

"우리 주 예수 그리스도로 말미암아 우리에게 승리를 주시는 하나님께 감사하노니."

- 인생의 승리가 주님 손에 있음을 감사해야 한다.
- 우리가 주님을 구주로 모시고 산다는 것 자체가 감사한 일이 아닐 수 없다.
- 우리 자신이 모든 일을 하려 든다면 우리는 승리보다는 패배를 경험하고 좌절하게 될 것이다.
- 예수 그리스도를 대장으로 여기며 온전히 순종하면 승리하게 된다. 그러므로 주님 덕분에 경험하는 모든 일에 감사해야 하는 것이다.

## 3 다니엘 2:23

"나의 조상들의 하나님이여 주께서 이제 내게 지혜와 능력을 주시고 우리가 주께 구한 것을 내게 알게 하셨사오니 내가 주께 감사하고 주를 찬양하나이다 곧 주께서 왕의 그 일을 내게 보이셨나이다 하니라."

- 다니엘은 지혜와 능력을 주신 하나님께 감사와 찬양을 올려드리고 있다.
- 다니엘은 모든 것이 하나님으로부터 왔음을 알고 하나님께 크게 감사하고 있다.
- 감사와 찬양을 돌리는 다니엘에게서 우리는 하나님을 높여드리고 자신은 낮추는 겸손함을 엿볼 수 있다.
- 알고 보면 내가 한 일은 없다. 모든 것이 주님이 주신 은혜이기 때문이다.

▶ 다니엘에게서 배워야 할 점은 무엇인가?

## 4 데살로니가전서 1:2

"우리가 너희 모두로 말미암아 항상 하나님께 감사하며 기도할 때에 너희를 기억함은."

- 바울은 예수님을 영접한 데살로니가 성도들을 보며 감사하고 있다.
- 처음 믿은 자들을 보며 감사하는 사도 바울처럼 우리도 처음 믿은 자로 인해 감사해야 한다.

▶ 예수님을 갓 영접한 성도들을 보며, 진정으로 감사하고 있는가?

**4** 자신이 잊어버렸던 감사의 조건을 한 가지 이상 말해보라.

> 성경과 기독교 역사에서 기도의 능력이 있었던 사람은 모두 하나님께 항상 감사와 찬송을 드린 사람이었다.
> 
> R. A. 토레이

**5** 오늘 말씀에서 느낀 점과 결단한 점을 말하고 합심해서 기도하자.

삶 에 서 말 씀 녹 여 내 기

- ∞ 성구 암송 　데살로니가전서 5:18
  "범사에 감사하라 이것이 그리스도 예수 안에서 너희를 향하신 하나님의 뜻이니라."
- ∞ 큐티 　누가복음 17:12-19
- ∞ 독서 과제
- ∞ 생활 과제 　가족에게 매일 한 가지씩 감사 제목 이야기하기
- ∞ 성경 읽기

우리는 매일 주시는 감사 제목을 잊어버리고 살 때가 많다. 오늘 하루의 삶이 하나님의 선물임을 잊어버리고, 삶의 공급자가 하나님이심을 잊고 살기도 한다. 작은 것에 감사하는 자가 하나님을 기쁘시게 해드릴 수 있고 큰 것에도 감사할 수 있다. 알고 보면 내가 한 일은 없다. 모든 것이 하나님이 주신 은혜이기 때문이다. 모든 것이 하나님으로부터 왔음을 알고 하나님께 범사에 감사하는 삶을 살아야 한다.

# 감사하는 생활 3

## 도입

감사는 성도들이 보일 수 있는 가장 뛰어난 순종이다. 하나님은 성도들이 범사에 감사하는 삶을 살기를 원하신다. 범사에 감사하기 위해서 감사하고자 힘써야 한다. 사람이 저절로 감사하게 되지는 않기 때문이다. 그리고 감사는 하나님이 베풀어주신 은혜에 피조물인 인간이 당연히 보여야 하는 반응임을 잊지 말아야 한다.

## 적용

**1** 지난 한 주간의 감사 제목을 다른 사람들에게 나누어보자. 또 다른 사람의 감사 제목은 무엇이었는지 들어보자.

**2** 바울의 감사 생활에 대해 알아보자.

**1** 에베소서 1장 15-16절을 읽고, 자신의 말로 요약해보라.

"$^{15}$이로 말미암아 주 예수 안에서 너희 믿음과 모든 성도를 향한 사랑을 나도 듣고 $^{16}$내가 기도할 때에 기억하며 너희로 말미암아 감사하기를 그치지 아니하고."

- 바울은 예수님을 믿는 성도들의 믿음과 사랑을 전해 듣고 하나님께 기도 가운데 감사하고 있다.
- 바울은 자신의 문제를 넘어 다른 지체들을 보며 감사하고 있다.
- 지체들의 일을 자신의 일처럼 생각하며 감사할 수 있는 자가 성숙한 그리스도인이다.

**2** 데살로니가전서 2:13

"이러므로 우리가 하나님께 끊임없이 감사함은 너희가 우리에게 들은바 하나님의 말씀을 받을 때에 사람의 말로 받지 아니하고 하나님의 말씀으로 받음이니 진실로 그러하도다 이 말씀이 또한 너희 믿는 자 가운데에서 역사하느니라."

- 바울은 데살로니가 성도들의 변화된 삶에 감사하고 있다.
- 사람이 말씀으로 변화된다는 것은 감사의 제목이 아닐 수 없다.
- 나 자신의 변화된 삶에 대해서도 당연히 감사해야 한다.

▶ 말씀으로 변화된 가족이나 지체를 보면서 하나님께 진정으로 감사하고 있는가?

- 바울은 자신의 문제에 대한 감사를 뛰어넘어 지체와 교회가 하나님의 말씀을 받은 것에 감사했다.

**3** 누가복음 17장 12-19절을 읽고, 다음 질문에 답해보라.

"$^{12}$한 마을에 들어가시니 나병환자 열 명이 예수를 만나 멀리 서서 $^{13}$소리를 높여 이르되 예수 선생님이여 우리를 불쌍히 여기소서 하거늘 $^{14}$보시고 이르시되 가서 제사장들에게 너희 몸을 보이라 하셨더니 그들이 가다가 깨끗함을 받은지라 $^{15}$그중의 한 사람이 자기가 나은 것을 보고 큰 소리로 하나님께 영광을 돌리며 돌아와 $^{16}$예수의 발아래에 엎드리어 감사하니 그는 사마리아 사람이라 $^{17}$예수께서 대답하여 이르시되 열 사람이 다 깨끗함을 받지 아니하였느냐 그 아홉은 어디 있느냐 [18]이 이방인 외에는 하나님께 영광을 돌리러 돌아온 자가 없느냐 하시고 [19]그에게 이르시되 일어나 가라 네 믿음이 너를 구원하였느니라 하시더라."

**1** 깨끗이 나음을 받은 문둥병자 열 명 가운데 한 명만 예수님께 감사했다. 여기에서 무엇을 느낄 수 있는가?

- 감사가 얼마나 중요한지를 아홉 명은 잊었다.
- 사람들은 감사해야 할 은혜를 입었음에도 그것을 쉽게 잊어버리는 경향이 있다.

▶ 감사가 그 어떤 일보다 우선되어야 한다는 것을 어떻게 생각하는가?

**2** 17절에서 무엇을 느낄 수 있는가?

- 예수님이 우리에게 감사하기를 바라신다는 사실을 알 수 있다.

**3** 감사한 문둥병자에게서 배울 점은 무엇인가?

- 감사의 표현을 구체적으로 하는 것
- 때를 놓치지 않고 감사한 것
- 감사를 최우선으로 두고 사는 것

▶ 감사할 때를 놓치고 아쉬워한 적은 없는가?

**4** 문둥병자가 감사로 얻은 것이 무엇인가?

- 주님께 구원받은 자임을 인정받았다.
- 우리는 주님이 인정하시는 믿음이 감사임을 알아야 한다.

**4** 지나간 일 가운데 지금이라도 감사하고 싶은 일이 있다면 나누어보라.

> 감사드리는 것은 좋은 일이다. 하지만 감사하는 삶은 더 좋은 것이다.  매튜 헨리

**5** 오늘 말씀에서 느낀 점과 결단한 점을 말하고 합심해서 기도하자.

삶 에 서 말 씀 녹 여 내 기

- ∞ 성구 암송 　**고린도전서 15:57**
  "우리 주 예수 그리스도로 말미암아 우리에게 승리를 주시는 하나님께 감사하노니."
- ∞ 큐티 　민수기 31:48-54
- ∞ 독서 과제 　『감사』(배창돈, 예루살렘)
- ∞ 생활 과제 　한 주간 하나님과 사람 앞에 감사를 구체적으로 표현한 실례를 써 오기
- ∞ 성경 읽기

감사하지 않는 자는 하나님과 사람 앞에 무례한 자가 된다. 지체들의 일을 자신의 일처럼 생각하며 감사할 수 있는 자는 성숙한 그리스도인이다. 감사는 미루면 안 된다. 감사는 그 어떤 일보다 우선되어야 한다. 그리고 구체적으로 표현해야 한다. 감사가 풍성한 삶을 살 때 하나님의 은혜를 더 많이 경험하며 살게 될 것이다.

# 언어생활

**52과**

## 도입

말은 단지 의사소통을 위한 수단이 아니다. 우리는 말로 다른 사람이 올바른 길을 가도록 격려하고 세워줄 수 있다. 그뿐만 아니라 우리는 말을 통해 복음을 전하여 영혼들이 구원받게 할 수 있다. 특히 구원받은 성도의 말에는 영향력이 있다. 말은 자신과 이웃 그리고 자신이 속한 공동체에 영향을 끼치기에 말의 중요성은 아무리 강조해도 부족하다. 이 시간 주시는 말씀을 통해 말을 지혜롭게 사용하는 자가 되도록 하자.

## 적용

**1** 마음에서 나오는 말은 사람에게 영향을 준다. 다음 성경구절에서 얻을 수 있는 교훈을 말해보라.

　**1** 잠언 10:11

　　"의인의 입은 생명의 샘이라도 악인의 입은 독을 머금었느니라."

　　- 의인은 칭찬, 위로, 격려 등의 말로 다른 사람에게 평안과 기쁨을 주는 생명수와 같다.
　　- 악인은 원망, 모함, 거짓말 시기 등으로 해를 입히므로 다른 사람에게 피해를 주는 독과 같다.

**2** 잠언 15:1

"유순한 대답은 분노를 쉬게 하여도 과격한 말은 노를 격동하느니라."

– 부드러운 대답은 분노를 가라앉히지만, 과격한 말은 분노하게 만들어 더 큰 문제를 일으킨다.

▶ 나는 주로 어떻게 대답하는가? 문제가 발생했을 때 그것을 해결하기 위해 어떤 노력을 하는가? 상대방에게 부드럽게 말하려고 하는가 아니면 격양된 감정을 절제하지 못하여 과격한 말을 하는 편인가?

## 2 마태복음 7장 1-3절에서 피해야 할 말에 대해 살펴보자.

"¹비판을 받지 아니하려거든 비판하지 말라 ²너희가 비판하는 그 비판으로 너희가 비판을 받을 것이요 너희가 헤아리는 그 헤아림으로 너희가 헤아림을 받을 것이니라 ³어찌하여 형제의 눈 속에 있는 티는 보고 네 눈 속에 있는 들보는 깨닫지 못하느냐."

**1** 비판의 문제가 무엇인가?

– 비판하는 자는 비판한 그대로 비판을 받는다.
– 알고 보면 남의 티를 보고 비판하는 자에게 더 큰 문제가 있다.

▶ 남을 비판할 만큼 완벽한 사람은 없다. 다른 사람에 대한 비판이 자신에게 어떤 결과로 나타났는지 다른 사람들과 나누어보라.

**2** 이 말씀에서 깨달은 점과 결단한 점이 있으면 말해보라.

## 3 성도들은 어떤 말을 해야 하는가?

**1** 전도서 12:10

"전도자는 힘써 아름다운 말들을 구하였나니 진리의 말씀들을 정직하게 기록하였느니라."

- 믿음의 사람은 영혼에 유익을 주는 은혜로운 말을 하도록 노력해야 한다.

**2** 에베소서 4:25

"그런즉 거짓을 버리고 각각 그 이웃과 더불어 참된 것을 말하라 이는 우리가 서로 지체가 됨이라."

- 성도들은 거짓을 버리고 진실하게 대해야 한다.
- 특히 그리스도 안에서 한 몸 된 지체는 이 말씀을 명심해야 한다.

## 4 다음 성경구절에서 얻을 수 있는 교훈을 말해보라.

**1** 마태복음 12:36-37

"³⁶내가 너희에게 이르노니 사람이 무슨 무익한 말을 하든지 심판 날에 이에 대하여 심문을 받으리니 ³⁷네 말로 의롭다 함을 받고 네 말로 정죄함을 받으리라."

- 하나님은 우리가 한 말에 대해 반드시 책임을 물으신다.
- 무심코 내뱉은 사소한 말이라도 심판의 날에 책임을 져야 함을 기억하라.

**2** 시편 141:3

"여호와여 내 입에 파수꾼을 세우시고 내 입술의 문을 지키소서."

- 다윗은 부당한 핍박을 당할 때 자기 입술로 남에게 악을 행하지 않게 해달라고 기도하고 있다.

▶ 말로 죄를 짓지 않기 위해 어떤 노력을 기울이고 있는가?

▶ 본문 말씀을 읽고, 결단한 점이 있다면 말해보라.

> 한마디의 말은 날카로운 칼도 되고, 솜처럼 따뜻하게 부드럽게도 된다.
> **토머스 제퍼슨** 미국의 3대 대통령

**5** 오늘 말씀에서 느낀 점과 결단한 점을 말하고 합심해서 기도하자.

삶 에 서 말 씀 녹 여 내 기

- 성구 암송  잠언 10:11
  "의인의 입은 생명의 샘이라도 악인의 입은 독을 머금었느니라."
- 큐티  시편 139:1-4
- 독서 과제  『은혜로운 말』(캐롤 메이홀, 네비게이토 역간)
- 생활 과제  말하기 전에 3초 생각하기를 실천하고 느낀 점 써 오기
- 성경 읽기

말은 마음에서부터 나온다. 말의 힘은 대단히 크다. 의인의 말은 평안과 기쁨을 주는 생명수와 같지만, 악인의 말은 독과 같다. 믿음의 사람은 영혼에 유익을 주는 은혜로운 말을 해야 한다. 하나님은 우리의 말을 다 듣고 계신다. 그러므로 우리는 말로 죄를 짓지 않기 위해 기도해야 한다.

# 섬김 1
## ___예수님의 섬김

## 도입

가장 강력한 힘은 세상의 권세를 통한 힘이 아니라 섬김의 힘이다. 주님이 이 땅에 오셔서 사역하신 힘은 바로 섬김의 힘이었다. 예수님은 섬김으로 인류의 모든 문제를 해결하셨다. 죄 문제를 해결하셨을 뿐 아니라 인류에게 진정한 자유를 주셨다. 직책이나 힘을 통해 억지로 사람을 복종시킬 수는 있지만 사람의 마음까지 움직일 수는 없다. 섬김의 힘은 사람의 마음을 움직여 마음 깊은 곳에서부터 존경과 신뢰를 흘러나오게 한다.

## 적용

**1** 마태복음 20장 28절을 읽고, 다음 질문에 답해보라.

"인자가 온 것은 섬김을 받으려 함이 아니라 도리어 섬기려 하고 자기 목숨을 많은 사람의 대속물로 주려 함이니라."

❶ 성도들은 섬김의 삶을 살아야 한다. 그 이유는 무엇인가?

- 예수님이 먼저 섬기심으로 모범을 보이셨기 때문이다.

**2** 예수님은 어떻게 섬기셨는가?

- 자신의 목숨까지 대속물로 주셨다(대속물: 죄인이나 노예를 자유롭게 하기 위해 치르는 값).

**3** 주님은 단지 시간이나 물질 그리고 재능으로 섬기시는 정도가 아니었다. 자신의 생명까지 주심으로 섬기셨다. 나의 섬김과 예수님의 섬김에는 어떤 차이가 있는가?

## 2 빌립보서 2장 5-8절에서 얻을 수 있는 교훈을 살펴보자.

"⁵너희 안에 이 마음을 품으라 곧 그리스도 예수의 마음이니 ⁶그는 근본 하나님의 본체시나 하나님과 동등됨을 취할 것으로 여기지 아니하시고 ⁷오히려 자기를 비워 종의 형체를 가지사 사람들과 같이 되셨고 ⁸사람의 모양으로 나타나사 자기를 낮추시고 죽기까지 복종하셨으니 곧 십자가에 죽으심이라."

**1** 본문 말씀을 자신의 말로 쉽게 표현해보라.

"예수님의 겸손을 본받아 예수님처럼 생각하고 행동하자. 그분은 하나님과 같이 높은 분이셨지만, 낮은 곳으로 오셨다. 사람의 모습으로 이 땅에 오셨을 뿐 아니라 종과 같이 겸손하신 분이었다. 스스로 낮은 자가 되셔서 죽기까지 하나님께 순종하셨다."

**2** 섬김의 모범이신 예수님은 이 땅에서 어떤 모습으로 사역하셨는가?

- 예수님은 하나님과 같은 분이시지만 이 땅에서는 종과 같이 겸손한 분이셨다.
- 예수님은 스스로 낮은 자가 되셔서 죽기까지 복종하고 섬기셨다.

**3** 섬김의 사람이 되기 위해서는 예수님의 겸손과 순종을 배워야 한다. 나에게 부족한 부분이나 고쳐야 할 점이 있다면 말해보라.

## 3  요한복음 13장 1-5절에서 얻을 수 있는 교훈을 살펴보자.

"¹유월절 전에 예수께서 자기가 세상을 떠나 아버지께로 돌아가실 때가 이른 줄 아시고 세상에 있는 자기 사람들을 사랑하시되 끝까지 사랑하시니라 ²마귀가 벌써 시몬의 아들 가룟 유다의 마음에 예수를 팔려는 생각을 넣었더라 ³저녁 먹는 중 예수는 아버지께서 모든 것을 자기 손에 맡기신 것과 또 자기가 하나님께로부터 오셨다가 하나님께로 돌아가실 것을 아시고 ⁴저녁 잡수시던 자리에서 일어나 겉옷을 벗고 수건을 가져다가 허리에 두르시고 ⁵이에 대야에 물을 떠서 제자들의 발을 씻으시고 그 두르신 수건으로 닦기를 시작하여."

**1** 1절에서 예수님이 제자들의 발을 씻기신 때는 언제인가?

- 유월절 바로 전 저녁 식사 시간이었다.

**2** 예수님이 하필이면 제자들과의 마지막 식사를 하시던 중에 제자들의 발을 씻기셨을까? 그 이유를 생각나는 대로 말해보라.

- 단지 사랑스럽거나 친절하게 제자들을 대하시기 위해서가 아니다.
- 예수님이 이 땅에 오신 목적은 바로 많은 사람을 하나님께로 돌아오게 하려는 것이었다. 제자들이 세상에서 섬김으로 강력한 전도자의 역할을 할 수 있을 거라는 사실을 아셨기 때문이다.

**3** 깊은 감동을 받았거나 믿음이 더욱 생기게 된 섬김을 받은 적이 있다면 다른 사람들과 나누어보라.

**4** 다른 사람을 섬기고 전도한 경험이 있으면 말해보라.

> 인류 역사에 의미 있는 성취는 모두 예수님의 섬김에서 시작했다.

## 4  오늘 말씀에서 느낀 점과 결단한 점을 말하고 합심해서 기도하자.

삶 에 서 말 씀 녹 여 내 기

- **성구 암송**    **마태복음 20:28**
 "인자가 온 것은 섬김을 받으려 함이 아니라 도리어 섬기려 하고 자기 목숨을 많은 사람의 대속물로 주려 함이니라."
- **큐티**    누가복음 17:7-10
- **독서 과제**
- **생활 과제**    직장 동료나 이웃에게 섬김을 실천하고 그 사례 적어 오기
- **성경 읽기**

---

성도는 섬김의 삶을 살아야 한다. 예수님이 섬기심으로 모범을 보이셨기 때문이다. 예수님은 하나님과 같은 분이지만 이 땅에서 종과 같이 스스로 낮은 자가 되셔서 죽기까지 복종함으로 섬기셨다. 하나님 앞에서 큰 자로 인정받는 자는 섬기는 자다. 섬김은 많은 사람을 하나님께로 인도하는 전도의 강력한 도구가 된다.

# 섬김 2
## ___ 믿음의 사람들과 섬김

## 도입

하나님께 인정받아 쓰였던 사람들의 공통점은 바로 섬김의 사람이었다는 것이다. 섬김의 사람들은 하나님께 크게 쓰임 받고, 사람들에게 거룩한 영향력을 끼쳤다. 이기적이고 계산적인 세상에서 섬김의 삶을 사는 것이 손해 보는 것처럼 느껴지겠지만, 그것은 결코 손해가 아니다. 이 시간 믿음의 사람들이 보여준 섬김에 대해 배우도록 하자.

## 적용

**1** 창세기 18장 1-8절에서 아브라함의 섬김에 대해 살펴보자.

"$^1$여호와께서 마므레의 상수리나무들이 있는 곳에서 아브라함에게 나타나시니라 날이 뜨거울 때에 그가 장막 문에 앉아 있다가 $^2$눈을 들어 본즉 사람 셋이 맞은편에 서 있는지라 그가 그들을 보자 곧 장막 문에서 달려나가 영접하며 몸을 땅에 굽혀 $^3$이르되 내 주여 내가 주께 은혜를 입었사오면 원하건대 종을 떠나 지나가지 마시옵고 $^4$물을 조금 가져오게 하사 당신들의 발을 씻으시고 나무 아래에서 쉬소서 $^5$내가 떡을 조금 가져오리니 당신들의 마음을 상쾌하게 하신 후에 지나가소서 당신들이 종에게 오셨음이니이다 그들이 이르되 네 말대로 그리하라 $^6$아브라함이 급히 장막으로 가서 사라에게 이르되 속히 고운 가루 세 스아를 가져다가 반죽하여 떡을 만들라 하고 $^7$아브라함이 또 가축 떼 있는 곳으로 달려

가서 기름지고 좋은 송아지를 잡아 하인에게 주니 그가 급히 요리한지라 ⁸아브라함이 엉긴 젖과 우유와 하인이 요리한 송아지를 가져다가 그들 앞에 차려 놓고 나무 아래에 모셔 서매 그들이 먹으니라."

**1** 본문 말씀은 아브라함이 자신에게 나타난 하나님의 두 천사를 극진히 섬긴 내용이다. 그가 천사들을 어떻게 섬겼는지 말해보라.

- 아브라함은 하인에게 미루지 않고 자신이 직접 발로 뛰며 천사들을 섬겼다.
- 최고의 요리를 대접하기 위해 노력했다(좋은 송아지 고기, 엉긴 젖과 우유 등).
- 아브라함이 직접 식사가 끝날 때까지 시중을 들었다. 이런 모습에 섬김을 받는 천사들은 감동을 안 받을 수가 없었을 것이다.

**2** 창세기 18장 9-10절에서 섬김 이후에 아브람이 들은 소식이 무엇인가?

"⁹그들이 아브라함에게 이르되 네 아내 사라가 어디 있느냐 대답하되 장막에 있나이다 ¹⁰그가 이르시되 내년 이맘때 내가 반드시 네게로 돌아오리니 네 아내 사라에게 아들이 있으리라 하시니 사라가 그 뒤 장막 문에서 들었더라."

- 천사들이 내년 이맘때에 다시 찾아오고, 아내 사라가 아들을 낳을 것이다.
- 아브라함은 섬김 이후에 기쁜 소식을 들었다.
- 섬김 때문에 아들을 주셨다고 말할 수는 없다. 하지만 믿음의 조상 아브라함이 잘 섬기는 사람이었다는 사실을 고려할 때 하나님이 섬김의 사람을 좋아하시는 것을 알 수 있다.

**3** 아브라함의 섬김을 보며 느낀 점을 말해보라.

## 2 바울이 복음을 전하기 위해 어떻게 섬겼는지 고린도후서 11장 23-28절에서 자세히 살펴보자.

"²³그들이 그리스도의 일꾼이냐 정신없는 말을 하거니와 나는 더욱 그러하도다 내가 수고를 넘치도록 하고 옥에 갇히기도 더 많이 하고 매도 수없이 맞고 여러 번 죽을 뻔하였으니 ²⁴유대인들에게 사십에서 하나 감한 매를 다섯 번 맞았으며 ²⁵세 번 태장으로 맞고 한 번 돌로 맞고 세 번 파선하고 일주야를 깊은 바다에서 지냈으며 ²⁶여러 번 여행하면서 강의 위험과 강도의 위험과 동족의 위험과 이방인의 위험과 시내의 위험과 광야의 위험과 바다의 위험과 거짓 형제 중의 위험을 당하고 ²⁷또 수고하며 애쓰고 여러 번 자지 못하고 주리며 목마르고 여러 번 굶고 춥고 헐벗었노라 ²⁸이 외의 일은 고사하고 아직도 날마다 내 속에 눌리는 일이 있으니 곧 모든 교회를 위하여 염려하는 것이라."

**1** 본문 말씀을 자신의 말로 쉽게 표현해보라.

"바울은 감옥에도 많이 갇히고, 매도 수없이 맞았으며, 여러 번 죽을 뻔했다. 유대인들에게 서른아홉 대를 맞는 태형을 다섯 번이나 당했고, 세 번 채찍으로 맞았으며, 한 번 돌로 맞았고, 세 번 파선을 당했을 뿐 아니라 하루 밤낮을 바다에서 헤매기도 했다. 여러 번 여행에서 사람들로부터 위험을 겪었고 여러 번 자지 못하고 굶주리며 추위에 떨고 헐벗었다."

**2** 바울이 선교를 위해 고난당하면서까지 섬긴 결과에 대해 말해보라.

– 바울은 자신이 그리스도의 참된 일꾼(사도)으로 복음을 전하면서 당한 핍박과 고난에 대해 열거하고 있다. 그의 섬김으로 그리스, 소아시아 로마까지 복음이 전파되어 많은 교회가 세워졌다.

**3** 바울은 건강한 교회를 세우기 위해 모든 것을 바쳐 섬겼다. 고린도후서 11장 28절 말씀을 읽고, 느낀 점이 있다면 말해보라.

– "눌리는 일"은 헬라어 '에피스타시스'로 '마음으로 무겁게 걱정한다'는 뜻이다.
– 바울은 언제나 그리스도의 몸 된 교회를 염려했다. 교회의 분쟁이나 영혼의 실족, 거짓 교사 등으로 교회가 그 역할을 감당하지 못하는 일이 없도록 성도들의 영적 성숙을 위해 섬겼다.

**4** 지금 그리스도의 몸 된 교회를 어떻게 섬기고 있는가?

섬기는 데서 얻는 최대 상급은 마음 깊은 곳에서 우러나오는 만족이다.

**3** 오늘 말씀에서 느낀 점과 결단한 점을 말하고 합심해서 기도하자.

삶 에 서 말 씀 녹 여 내 기

∞ 성구 암송   빌립보서 2:5
            "너희 안에 이 마음을 품으라 곧 그리스도 예수의 마음이니."
∞ 큐티       누가복음 8:1-3
∞ 독서 과제   『헌신』(로버트 보드만, 네비게이토 역간)
∞ 생활 과제   한 주간 두 번 설거지하기(남편), 안마 해주기(아내)
∞ 성경 읽기

아브라함은 직접 발로 뛰는 섬김, 최고의 섬김, 끝까지 섬기는 섬김으로 섬김의 모범을 보여주었다. 바울의 희생적인 섬김은 그리스와 소아시아, 로마까지 복음이 전파되어 많은 교회를 세우는 결과를 낳았다. 바울은 항상 교회를 염려하며 섬겼다. 교회가 교회의 역할을 잘 감당할 수 있도록 성도들의 영적 성숙을 위해 섬겼다. 한 사람의 섬김이 얼마나 큰 영향력이 있는가를 알고 나 자신이 먼저 섬기는 자가 되어야 한다.

# 섬김 3
## __섬김의 자세

## 도입

섬기기를 배우려는 사람은 먼저 자신을 점검해야 한다. "자기 자신을 바로 알고 자신을 낮추어 생각할 줄 아는 것, 그것이 우리가 배워야 할 가장 높고 유익한 교훈이다. 자신을 아무것도 아닌 것으로 알고 언제나 남을 좋게 생각하는 것 그것이 지혜요 완성이다"라고 한 토마스 아 켐피스 Thomas à Kempis의 말은 섬김의 자세가 어떠해야 하는지 잘 보여준다. 하나님 말씀을 통해 섬김의 자세를 배우도록 하자.

## 적용

**1** 사도 바울이 맺은 사역의 풍성한 열매는 그의 섬김의 정신에서부터 시작되었다고 할 수 있다. 고린도후서 4장 5절에서 배워야 할 점이 무엇인지 살펴보자.

"우리는 우리를 전파하는 것이 아니라 오직 그리스도 예수의 주 되신 것과 또 예수를 위하여 우리가 너희의 종 된 것을 전파함이라."

**1** 바울이 전파한 것은 무엇인가?

- 예수 그리스도가 주님이시라는 것이다.
- 바울이 예수님을 위해 지체들의 종이 되었다는 사실을 알 수 있다.

▶ "우리를 전파하는 것이 아니라"는 무엇을 의미하는가?

- 세상 지식이나 자신이 습득한 지식을 전파하는 것이 아니라 예수 그리스도의 복음만을 전한다는 의미다.

**2** 이 말씀에서 느낀 점을 말해보라.

- 바울은 결코 자신에게 초점을 맞추거나 자신을 위해 사역하지 않았다.
- 바울은 주님이 맡겨주신 복음 전파에만 충성을 다했다.

## 2  고린도후서 12장 15절에서 얻을 수 있는 교훈을 말해보라.

"내가 너희 영혼을 위하여 크게 기뻐하므로 재물을 사용하고 또 내 자신까지도 내어 주리니 너희를 더욱 사랑할수록 나는 사랑을 덜 받겠느냐."

**1** 바울은 어디까지 섬기겠다고 말하고 있는가?

- 자신이 가진 재물뿐 아니라 자신까지도 줄 수 있다고 말한다.

**2** 말씀에서 바울의 어떤 마음을 느낄 수 있는가?

- 영적 부모의 희생적인 마음을 느낄 수 있다.

▶ 내 주변에 이런 자세로 돌보아야 할 사람들이 있는가(전도 대상자, 지체)?

## 3  누가복음 17장 10절에서 얻을 수 있는 교훈은 무엇인가?

"이와 같이 너희도 명령 받은 것을 다 행한 후에 이르기를 우리는 무익한 종이라 우리가 하여야 할 일을 한 것뿐이라 할지니라."

- 섬기는 자는 종의 자세를 취해야 한다.
- 종은 보상 받기 위해 하지 않는다. 마땅히 해야 할 일을 했다고 생각한다.

▶ 나는 잘 섬기는 사람인가? 다른 사람들을 섬길 때 특별히 고쳐야 할 점이나 보완해야 할 점이 있는가?

**4** 종이 되기 위해 어떤 자세를 취해야 할까? 빌립보서 2장 3-4절에서 살펴보자.

"³아무 일에든지 다툼이나 허영으로 하지 말고 오직 겸손한 마음으로 각각 자기보다 남을 낫게 여기고 ⁴각각 자기 일을 돌볼뿐더러 또한 각각 다른 사람들의 일을 돌보아 나의 기쁨을 충만하게 하라."

**1** 본문 말씀에서 알 수 있는 의미를 요약해서 말해보라.

- 다툼이나 허영은 자신의 이익을 위해 일할 때 생긴다.
- '허영'은 주님 중심이 아닌 자신의 명예나 야망을 이루는 것을 중요하게 생각할 때 나타나는 허세를 말한다.
- 자기보다 남을 더 존중하는 겸손함이 필요하다.
- 섬김의 사람은 자신의 일에도 충실하지만 다른 사람의 일도 세밀하게 보살핀다.

**2** 말씀에 비추어보았을 때 나는 하나님이 기뻐하시는 종인가? 혹시 고쳐야 할 점은 없는가?

> 우리가 다른 사람을 돕는 동안 하나님도 우리를 도우신다.　　　존 웨슬리 감리교 창시자

**5** 마태복음 19장 29-30절에서 알 수 있는 의미를 살펴보자.

"²⁹또 내 이름을 위하여 집이나 형제나 자매나 부모나 자식이나 전토를 버린 자마다 여러 배를 받고 또 영생을 상속하리라[어떤 사본에는 '부모나' 아래에 '아내나'가 있음] ³⁰그러나 먼저 된 자로서 나중 되고 나중 된 자로서 먼저 될 자가 많으니라."

**1** 본문 말씀을 자신의 말로 쉽게 표현해보라.

"주님을 위해 집, 형제, 자매, 부모와 자식, 밭을 버린 자는 많은 보상을 받고 영원한 생명을 얻게 되지만, 먼저 된 자 중 꼴찌가 되는 사람이 많을 것이다."

**2** 이 말씀에 내포된 의미는 무엇인가?

- 자신의 공로에 너무 집착하지 말고, 섬길 수 있는 것이 하나님의 은혜임을 알고 겸손하게 끝까지 섬겨야 한다.

**3** 느낀 점과 결단한 점이 있으면 다른 사람들과 나누어보라.

- 겸손한 자세로 끝까지 섬기지 않으면 꼴찌가 될 수 있음을 기억해야 한다.

**6** 오늘 말씀에서 느낀 점과 결단한 점을 말하고 합심해서 기도하자.

삶 에 서  말 씀  녹 여 내 기

∞ 성구 암송   **누가복음 17:10**
"이와 같이 너희도 명령 받은 것을 다 행한 후에 이르기를 우리는 무익한 종이라 우리가 하여야 할 일을 한 것뿐이라 할지니라."

∞ 큐티   마태복음 26:6-13
∞ 독서 과제
∞ 생활 과제   '앞으로 교회를 어떻게 섬길 것인가?'라는 주제로 결단의 글을 써 오기
∞ 성경 읽기

---

종의 자세가 될 때 온전히 섬길 수 있다. 예수님을 위해 섬기는 종의 마음으로 섬겨야 한다. 종은 보상을 기대하지 않고 자기 이익을 생각하지 않으며 자기 공로를 내세우지도 않는다. 마땅히 해야 할 일을 한다는 자세로 섬긴다. 섬길 수 있는 것도 하나님의 은혜임을 알고 끝까지 겸손하게 잘 섬기는 자가 되어야 한다.

# 섬김 4
## ___섬김의 결과

## 도입

하나님이 만드신 공동체인 교회와 가정은 모두 섬김으로 건강해진다. 그뿐만 아니라 모든 사역의 풍성한 열매를 얻기 위해서는 섬김의 정신이 없이는 불가능하다. 섬김은 다른 사람에게 유익을 주며, 자신을 성숙한 사역자로 세우는 촉매제의 역할을 한다. 전 인류를 위한 예수님의 섬김이 엄청난 결과를 낳았음을 누구도 부인할 수 없을 것이다. 이 시간 성경에서 가르치는 섬김의 결과를 살펴보고, 하나님 나라의 확장을 위해 쓰임 받는 사람이 되도록 하자.

## 적용

**1**  마태복음 20장 20-27절을 읽고, 다음 질문에 답해보라.

"²⁰그때에 세베대의 아들의 어머니가 그 아들들을 데리고 예수께 와서 절하며 무엇을 구하니 ²¹예수께서 이르시되 무엇을 원하느냐 이르되 나의 이 두 아들을 주의 나라에서 하나는 주의 우편에, 하나는 주의 좌편에 앉게 명하소서 ²²예수께서 대답하여 이르시되 너희는 너희가 구하는 것을 알지 못하는도다 내가 마시려는 잔을 너희가 마실 수 있느냐 그들이 말하되 할 수 있나이다 ²³이르시되 너희가 과연 내 잔을 마시려니와 내 좌우편에 앉는 것은 내가 주는 것이 아니라 내 아버지께서 누구를 위하여 예비하셨든지 그들이 얻을 것이니라 ²⁴열 제자가 듣고 그 두 형제에 대하여 분히 여기거늘 ²⁵예수께서 제자들을 불러다가 이르시되 이방인의 집권자들이 그들을 임의로 주관하고 그 고관들이 그들에게 권세를 부리는 줄을 너희가 알거니와 ²⁶너희 중에는 그렇지 않아야 하나니 너희 중에 누구든지 크고자 하는 자는 너희를 섬기는 자가 되고 ²⁷너희 중에 누구든지 으뜸이 되고자 하는 자는 너희의 종이 되어야 하리라."

**1** 21절에서 야고보와 요한의 어머니는 예수님께 무엇을 구했는가?

- 주님의 나라에서 하나는 좌편에 하나는 우편에 앉혀 달라고 했다.
- 자녀가 출세해서 영예롭게 되기를 원하는 어머니의 마음이 잘 나타나 있다.

**2** 22절에서 예수님의 답변이 의미하는 바는 무엇인가?

- 영광스러운 자리는 고난으로 얻을 수 있다.
- 예수님은 복음을 위해 고난을 당할 수 있느냐고 물으신 것이다.

**3** 24절에서 다른 제자들이 분하게 여긴 이유는 무엇인가?

- 야고보와 요한이 받게 될 영광을 이 세상에서의 출세로 오해했기 때문이다.
- 두 사람에 대한 질투의 마음을 표현한 것이다.

**4** 세상 권세와 하나님 나라의 권세의 차이점에 대해 말해보라.

- 세상 권세는 부리는 권세, 하나님 나라의 권세는 종의 자세로 섬기는 권세다.

**5** 말씀에서 느낀 점과 결단한 점이 있다면 말해보라.

### 2  요한복음 12장 26절에서 얻을 수 있는 교훈을 살펴보자.

"사람이 나를 섬기려면 나를 따르라 나 있는 곳에 나를 섬기는 자도 거기 있으리니 사람이 나를 섬기면 내 아버지께서 그를 귀히 여기시리라."

**1** 우리가 섬겨야 할 대상은 누구인가?

- 주님이시다.

**2** 그 섬김은 어떤 결과를 낳는가?

- 하나님은 그분을 섬기는 자를 귀하게 여기신다.

---

**3** 누가복음 6장 38절에서 얻을 수 있는 교훈을 살펴보자.

"주라 그리하면 너희에게 줄 것이니 곧 후히 되어 누르고 흔들어 넘치도록 하여 너희에게 안겨 주리라 너희가 헤아리는 그 헤아림으로 너희도 헤아림을 도로 받을 것이니라."

**1** 본문 구절에서 어떤 사람이 종이 돼야 한다고 말하는가?

- 종은 주는 자가 되어야 한다.

▶ 나는 주는 것을 즐기는 사람인가? 그렇게 하지 못한다면 그 이유가 무엇이라고 생각하는가?

**2** 말씀에 주는 자에 대한 하나님의 마음이 어떻게 표현되어 있는가?

- 하나님이 큰 상급을 주실 것을 표현하고 있다.
- 주는 것을 즐겨 하는 자에게 하나님은 주실 수 있을 만큼 많이 주길 원하신다.

---

**4** 요한계시록 22장 12절에서 얻을 수 있는 교훈은 무엇인가?

"보라 내가 속히 오리니 내가 줄 상이 내게 있어 각 사람에게 그가 행한 대로 갚아 주리라."

- 섬김에 대한 보상은 주님께서 반드시 해주신다.
- 주님이 최대한 빨리 상급 주기를 바라신다는 사실을 알 수 있다.
- 끝까지 참고 섬겨야 하는 이유는 주님의 칭찬과 상급 때문이다.

▶ 사람의 칭찬보다 주님의 상급에 대한 기대감으로 섬기고 있다고 자신 있게 말할 수 있는가?

> 우리가 하나님을 존경한다고 해서 그분이 더욱 위대해지지는 않지만, 하나님을 섬길 때 오히려 우리가 위대해진다.
> 아우구스티누스

**5** 오늘 말씀에서 느낀 점과 결단한 점을 말하고 합심해서 기도하자.

삶 에 서 말 씀 녹 여 내 기

∞ 성구 암송　누가복음 6:38
　　　　　　　"주라 그리하면 너희에게 줄 것이니 곧 후히 되어 누르고 흔들어 넘치도록 하여 너희에게 안겨 주리라 너희가 헤아리는 그 헤아림으로 너희도 헤아림을 도로 받을 것이니라."
∞ 큐티　　　　마태복음 13:47-50
∞ 독서 과제　『섬기는 공동체, 교회』(배창돈, 국제제자훈련원)
∞ 생활 과제　칭찬 기대하지 않고 한 가지 섬기고 느낀 점 써 오기
∞ 성경 읽기

하나님 나라의 권세는 종의 자세로 섬기는 권세다. 영광스러운 자리는 고난의 결과로 주어진다. 세상 권세는 부리는 권세, 군림하는 권세지만 하나님은 정반대로 보시기 때문에 그분은 섬기는 자를 귀하게 여기신다. 섬기는 자에게 줄 큰 상급을 준비하고 계신 것이다.
주님이 섬김에 대한 보상을 반드시 해주실 것이기에 끝까지 섬기는 자로 살아가자.

# 재물 1

**57과**

## 도입

하나님이 주신 재물을 어떻게 사용하느냐에 따라 유익이 될 수도 있고, 자신의 삶을 파멸의 길로 몰고 갈 수도 있다. 잘못된 자세로 재물을 다루면 이 세상에 마음을 고정하게 돼 신앙생활에 방해를 받을 수 있다. 그러나 재물을 바르게 사용하면 영적 유익이 돼 신앙생활의 열매를 많이 맺을 수 있다. 겸손한 마음으로 하나님이 주신 재물을 바르게 사용하기를 구한다면, 하나님 말씀을 통해 지혜를 얻게 될 것이다.

## 적용

**1** 누가복음 12장 16-20절을 읽고, 다음 질문에 답해보라.

"[16]또 비유로 그들에게 말하여 이르시되 한 부자가 그 밭에 소출이 풍성하매 [17]심중에 생각하여 이르되 내가 곡식 쌓아 둘 곳이 없으니 어찌할까 하고 [18]또 이르되 내가 이렇게 하리라 내 곳간을 헐고 더 크게 짓고 내 모든 곡식과 물건을 거기 쌓아 두리라 [19]또 내가 내 영혼에게 이르되 영혼아 여러 해 쓸 물건을 많이 쌓아 두었으니 평안히 쉬고 먹고 마시고 즐거워하자 하리라 하되 [20]하나님은 이르시되 어리석은 자여 오늘 밤에 네 영혼을 도로 찾으리니 그러면 네 준비한 것이 누구의 것이 되겠느냐 하셨으니."

**1** 본문 말씀을 자신의 말로 쉽게 표현해보라.

"이 말씀은 예수님이 비유로 하신 말씀이다. 어떤 부자가 많은 수확을 얻어 '내 곡식을 저장해둘 곳이 없으니 곳간을 헐고 더 큰 곳간을 만들어 내 모든 곡식과 물건을 저장하겠다'라고 말했다. 그리고 여러 해 동안 쓸 수 있는 많은 재산을 가졌으니 쉬고 먹고 마시며 인생을 즐기려 했다. 그러나 하나님은 '어리석은 사람아! 오늘 밤 네 영혼을 가져가면 네가 준비한 것이 누구의 것이 되겠느냐'라고 말씀하셨다."

**2** 부자는 어떤 사람인가?
- 재물을 많이 모으기 위해 열심히 살아온 사람이다.
- 재물이 자신의 미래까지 보장해줄 것이라고 생각했다.

**3** 본문에 나오는 부자 이야기에서 아쉬운 부분이 있으면 말해보라.
- 그는 하나님보다 재물을 더 의지했다.
- 재물이 자신의 미래까지 지켜줄 수 있을 것으로 생각했다.
- 하나님과의 관계를 소홀히 했다.

## 2  신명기 8장 17-18절을 읽고, 다음 질문에 답해보라.

"¹⁷그러나 네가 마음에 이르기를 내 능력과 내 손의 힘으로 내가 이 재물을 얻었다 말할 것이라 ¹⁸네 하나님 여호와를 기억하라 그가 네게 재물 얻을 능력을 주셨음이라 이같이 하심은 네 조상들에게 맹세하신 언약을 오늘과 같이 이루려 하심이니라."

**1** 본문 말씀을 자신의 말로 쉽게 표현해보라.

"내 능력과 힘으로 부자가 되었다고 생각할 수 있지만, 하나님이 조상에게 약속을 이루어주시기 위해 재물을 소유할 능력을 주셨기에 부자가 된 것이다."

**2** 자신의 힘으로 재물을 얻었다고 생각하는 것이 왜 잘못인가? 18절을 보고 답해보라.
- 재물을 얻을 수 있었던 것은 하나님이 건강과 재능과 물질을 축적할 수 있는 조건을 허락해주셨기 때문이다.

## 3 히브리서 13장 5절에서 얻을 수 있는 교훈을 말해보라.

"돈을 사랑하지 말고 있는 바를 족한 줄로 알라 그가 친히 말씀하시기를 내가 결코 너희를 버리지 아니하고 너희를 떠나지 아니하리라 하셨느니라."

### 1 돈을 사랑하지 말아야 할 이유는 무엇일까?

- 돈 자체가 나쁜 것이 아니지만 돈 때문에 물질적인 욕심이 생기고, 결국 사람의 생각과 행동이 돈에 의해 좌우되어 돈이 그 사람의 삶을 지배하게 되기 때문이다.

### 2 돈에 지배당하지 않는 삶을 살기 위해 우리는 어떻게 해야 하는가?

- 가진 것에 만족하면 된다.
- 보호자와 인도자가 돈이 아니라 하나님이심을 믿으면 가진 것에 만족할 수 있다.

## 4 돈을 사랑하여 나타나는 악한 결과 세 가지를 디모데전서 6장 10절을 보고 말해보라.

"돈을 사랑함이 일만 악의 뿌리가 되나니 이것을 탐내는 자들은 미혹을 받아 믿음에서 떠나 많은 근심으로써 자기를 찔렀도다."

- 돈을 사랑하는 것이 모든 악의 뿌리가 된다.
- 돈을 사랑하게 되면 미혹에 쉽게 넘어가 믿음에서 떠나게 된다.
- 많은 근심이 생겨 고통당하게 된다.

> 사람이 천국에 들어가지 못하는 이유는 그가 재물을 갖고 있기 때문이 아니라 재물이 그를 갖고 있기 때문이다.
>
> 존 케어드 스코틀랜드 신학자

**5** 마태복음 6장 31절을 읽고, 느낀 점을 말해보라.

"³¹그러므로 염려하여 이르기를 무엇을 먹을까 무엇을 마실까 무엇을 입을까 하지 말라 ³²이는 다 이방인들이 구하는 것이라 너희 하늘 아버지께서 이 모든 것이 너희에게 있어야 할 줄을 아시느니라 ³³그런즉 너희는 먼저 그의 나라와 그의 의를 구하라 그리하면 이 모든 것을 너희에게 더하시리라."

- 염려는 믿지 않는 자들이 하는 것이다.
- 하나님 아버지는 우리의 필요를 다 아신다.
- 우리가 하나님의 뜻을 구하며 살면 하나님은 영적 필요와 함께 육적인 필요도 채워주신다.

**6** 오늘 말씀에서 느낀 점과 결단한 점을 말하고 합심해서 기도하자.

### 삶에서 말씀 녹여내기

- ∞ 성구 암송  히브리서 13:5
  "돈을 사랑하지 말고 있는 바를 족한 줄로 알라 그가 친히 말씀하시기를 내가 결코 너희를 버리지 아니하고 너희를 떠나지 아니하리라 하셨느니라."
- ∞ 큐티  마태복음 19:23-30
- ∞ 독서 과제  『헌금의 기쁨』(앤디 스탠리, 사랑플러스 역간)
- ∞ 생활 과제  한 주간 재물을 선용하기 위해 노력하고 그 실례 써 오기
- ∞ 성경 읽기

재물을 많이 모아두는 것이 미래를 보장받는 것이라고 생각하는 사람이 많다. 그러나 재물은 우리의 미래를 보장해주지 못한다. 재물을 의지하면 하나님과 멀어지게 되고 근심이 많아진다. 재물을 사랑하면 재물의 지배를 받는 삶을 살게 된다. 우리의 삶이 하나님의 손에 있음을 알고 공급자이시며 보호자이신 하나님을 의지하면 주어진 것에 만족하며 살게 될 것이다.

# 재물 2

**58과**

## 도입

사람들은 재물을 사랑한다. 하나님보다 재물을 더 사랑하는 사람도 많다. 그런데 재물은 필요하지만 재물로 인해 잃는 것도 많음을 알아야 한다. 재물은 하나님과의 관계를 가로막고 사람과의 관계를 깨뜨릴 만큼 영향력이 있다. 그뿐만 아니라 재물은 천국 가는 문을 가로막기도 한다. 그러나 재물을 잘 사용하면 하나님께 칭찬을 받고 자신에게 유익이 될 수 있다. 지난 시간에 이어 재물에 대해 살펴보자.

## 적용

**1**  마태복음 19장 16-22절에서 얻을 수 있는 교훈을 살펴보자.

"[16]어떤 사람이 주께 와서 이르되 선생님이여 내가 무슨 선한 일을 하여야 영생을 얻으리이까 [17]예수께서 이르시되 어찌하여 선한 일을 내게 묻느냐 선한 이는 오직 한 분이시니라 네가 생명에 들어가려면 계명들을 지키라 [18]이르되 어느 계명이오니이까 예수께서 이르시되 살인하지 말라, 간음하지 말라, 도둑질하지 말라, 거짓 증언 하지 말라, [19]네 부모를 공경하라, 네 이웃을 네 자신과 같이 사랑하라 하신 것이니라 [20]그 청년이 이르되 이 모든 것을 내가 지키었사온대 아직도 무엇이 부족하니이까 [21]예수께서 이르시되 네가 온전하고자 할진대 가서 네 소유를 팔아 가난한 자들에게 주라 그리하면 하늘에서 보화가 네게 있으리라 그리고 와서 나를 따르라 하시니 [22]그 청년이 재물이 많으므로 이 말씀을 듣고 근심하며 가니라."

**1** 본문 말씀을 자신의 말로 쉽게 표현해보라.

"한 사람이 예수님께 와서 영원한 생명을 얻으려면 어떤 선한 일을 해야 하는지 물었을 때, 예수님은 '선하신 분은 오직 한 분으로 영원한 생명을 얻고 싶다면, 계명을 지켜라'고 말씀하셨다. 그러자 그 사람은 예수님이 말씀하신 모든 계명을 다 지켰는데 자신에게 부족한 것이 무엇인지 물었다. 예수님은 '완전해지길 원한다면, 가진 것을 다 팔아 가난한 사람들에게 나누어주고 하늘에 보물을 쌓은 후에 와서 나를 따르라'고 말씀하셨다. 청년은 부자였기 때문에 예수님의 말씀을 듣고 슬퍼하며 떠나갔다."

**2** 부자가 잃은 것과 얻은 것은 무엇인가?

- 잃은 것은 영생이며 얻은 것은 재물이다.

**3** 이 말씀에서 깨달은 점이 있다면 나누어보라.

- 재물을 사랑하는 마음은 하나님과의 관계를 가로막고 영생을 얻지 못하게 한다. 하나님보다 재물을 택한 사람은 영원히 후회하게 될 것이다.
- 도덕적으로 완벽한 삶을 살아도 재물의 힘이 더 크게 작용함을 알 수 있다.

## 2 다음 성경말씀에서 느낀 점을 말해보라.

**1** 마태복음 6:24

"한 사람이 두 주인을 섬기지 못할 것이니 혹 이를 미워하고 저를 사랑하거나 혹 이를 중히 여기고 저를 경히 여김이라 너희가 하나님과 재물을 겸하여 섬기지 못하느니라."

- 하나님과 재물 가운데 주인으로 섬길 대상을 선택해야 할 때 당연히 하나님을 선택해야 함에도 사람은 망설인다. 그만큼 사람이 재물에 의지하는 마음은 크다. 그러나 두 가지 다 선택할 수는 없다.

**2** 마가복음 10:23

"예수께서 둘러보시고 제자들에게 이르시되 재물이 있는 자는 하나님의 나라에 들어가기가 심히 어렵도다 하시니."

- 재물이 많으면 하나님 나라에 들어갈 수 없다는 뜻이 아니라 많은 재물이 영적인 일을 소홀히 하게 할 수 있음을 강조하는 말씀이다.
- 예수님은 재물을 많이 가질수록 재물에 대한 강한 집착이 생겨 하나님 나라에 가까워지기가 어려움을 지적하셨다.

▶ 주의 일과 영적인 일을 소홀히 하는 이유가 재물에 대한 집착 때문은 아닌지 생각해보라.

**3** 하나님과 재물과의 관계를 고린도후서 9장 8절에서 살펴보자.

"하나님이 능히 모든 은혜를 너희에게 넘치게 하시나니 이는 너희로 모든 일에 항상 모든 것이 넉넉하여 모든 착한 일을 넘치게 하게 하려 하심이라."

- 하나님은 모든 일에 필요한 것을 항상 넉넉히 채워주셔서 우리가 모든 선한 일을 넘치게 할 수 있도록 은혜를 베풀어주시는 분이다.

▶ 내가 누리고 있는 하나님의 은혜가 무엇인지 말해보라.

**4** 마태복음 6장 20절에서 얻을 수 있는 교훈을 말해보라.

"오직 너희를 위하여 보물을 하늘에 쌓아 두라 거기는 좀이나 동록이 해하지 못하며 도둑이 구멍을 뚫지도 못하고 도둑질도 못하느니라."

- 보물을 하늘에 쌓아두기 위해서는 하나님이 기뻐하시는 일을 위해 물질을 사용해야 한다.

▶ 하나님이 기뻐하시는 일에 물질을 사용하고 있다면, 다른 사람들과 나누어보라.

> 성도는 재물을 잘 분별해서 사용해야 한다. 부자는 하나님의 청지기이므로 잘 분별하여 나누어야 한다.
> 
> A. T. 피어슨 피어선 신학교 창립자

**5** 오늘 말씀에서 느낀 점과 결단한 점을 말하고 합심해서 기도하자.

### 삶에서 말씀 녹여내기

- **성구 암송** 마태복음 6:20
  "오직 너희를 위하여 보물을 하늘에 쌓아 두라 거기는 좀이나 동록이 해하지 못하며 도둑이 구멍을 뚫지도 못하고 도둑질도 못하느니라."
- **큐티** 여호수아 7:1-5
- **독서 과제** 『누가 나의 이웃인가』(존 스토트, IVP 역간)
- **생활 과제** '하나님께 칭찬받고 영광 돌리기 위해 물질을 어떻게 관리할 것인가?'라는 주제로 글을 써 오기
- **성경 읽기**

---

재물의 힘은 크다. 재물을 사랑하면 하나님을 사랑할 수 없다. 하나님과의 관계를 가로막는 것이 재물이기 때문이다. 재물을 많이 가질수록 재물에 대한 강한 집착 때문에 하나님 나라에 가깝기 어려워진다. 재물을 하나님이 기뻐하시는 대로 잘 사용하는 것은 보물을 하늘에 쌓아두는 것이다. 이 땅에서 잠시 위탁받은 재물을 선용하여 물질의 선한 청지기로 인정받으라.

# 청지기

**59과**

## 도입

청지기는 주인의 소유를 위임받아 일하는 자로, 재산과 집안일을 맡아 관리할 책임을 맡은 자다. 청지기에게 가장 중요한 것은 주인의 뜻에 맞게 재산을 사용하는 것이다. 모든 성도는 하나님의 청지기다. 그러므로 그에게 하나님이 주신 것을 잘 관리할 책임이 있다. 청지기 직에 대해 자세히 알아보고, 삶에서 청지기 직을 잘 감당하여 주님께 칭찬받는 청지기가 되도록 하자.

## 적용

**1** 역대상 29장 12-14절을 읽고, 다음 질문에 답해보라.

"$^{12}$부와 귀가 주께로 말미암고 또 주는 만물의 주재가 되사 손에 권세와 능력이 있사오니 모든 사람을 크게 하심과 강하게 하심이 주의 손에 있나이다 $^{13}$우리 하나님이여 이제 우리가 주께 감사하오며 주의 영화로운 이름을 찬양하나이다 $^{14}$나와 내 백성이 무엇이기에 이처럼 즐거운 마음으로 드릴 힘이 있었나이까 모든 것이 주께로 말미암았사오니 우리가 주의 손에서 받은 것으로 주께 드렸을 뿐이니이다."

**1** 12절에서 하나님이 어떤 분이시라는 사실을 알 수 있는가?

- 부와 명예를 주시는 분이다.
- 모든 것을 다스리시는 분이다.
- 사람을 크게 하고 강하게 하실 수 있는 능력이 있으신 분이다.

**2** 13-14절에서 하나님에 대한 우리의 자세가 어때야 한다고 하는가?

- 우리는 하나님께 감사와 찬양을 드려야 한다.
- 모든 것을 주님이 주셨기에 우리는 즐거운 마음으로 드려야 한다.

## 2  고린도전서 6장 19-20절에서 얻을 수 있는 교훈을 살펴보자.

"¹⁹너희 몸은 너희가 하나님께로부터 받은바 너희 가운데 계신 성령의 전인 줄을 알지 못하느냐 너희는 너희 자신의 것이 아니라 ²⁰값으로 산 것이 되었으니 그런즉 너희 몸으로 하나님께 영광을 돌리라."

**1** 19절에 따르면 우리 몸은 우리 것이 아니라고 한다. 그 이유는 무엇인가?

- 우리의 몸은 하나님이 값을 치르고 사신 몸이며, 성령이 거하시는 전이기 때문이다. 그러므로 우리 몸의 소유권은 하나님께 있다.

**2** 우리는 우리 몸을 어디에 사용해야 하는가?

- 하나님께 영광을 돌려드리는 데 사용해야 한다.

## 3  베드로전서 4장 10절에서 얻을 수 있는 교훈은 무엇인가?

"각각 은사를 받은 대로 하나님의 여러 가지 은혜를 맡은 선한 청지기같이 서로 봉사하라."

- 각 사람에게 있는 은사(선물)는 하나님이 은혜로 주신 것임을 알아야 한다. 그러므로 은사를 가진 사람은 착한 종처럼 남을 돕는 일에 그것을 사용해야 한다.

**4** 에베소서 5장 15-16절에서 얻을 수 있는 교훈을 말해보라.

"¹⁵그런즉 너희가 어떻게 행할지를 자세히 주의하여 지혜 없는 자같이 하지 말고 오직 지혜 있는 자같이 하여 ¹⁶세월을 아끼라 때가 악하니라."

**❶ 본문 말씀을 자신의 말로 쉽게 표현해보라.**

"때가 악하기에 자신의 생활을 늘 살펴서 어리석게 살지 말고, 지혜롭게 행동하여 선한 일을 할 수 있는 기회를 붙잡아라."

**❷ 시간을 지혜롭게 사용해야 하는 이유는 무엇인가?**

– 때가 악하기 때문에 시간을 더 많이 허비할 수 있기 때문이다.

**❸ 시간을 지혜롭게 사용하지 못하고 있는 부분이 있다면 다른 사람과 나누고, 어떻게 그 시간을 잘 활용할 수 있을지 생각해보라.**

> 나의 하나님이시여, 내 삶을 소비하소서. 내 삶은 당신의 것입니다. 저는 오래 살기를 구하지 않습니다. 다만, 주 예수님 당신처럼 충만히 살기를 간구합니다.   짐 엘리엇 에콰도르 선교사

**5** 오늘 말씀에서 느낀 점과 결단한 점을 말하고 합심해서 기도하자.

삶에서 말씀 녹여내기

∞ **성구 암송**  역대상 29:12
"부와 귀가 주께로 말미암고 또 주는 만물의 주재가 되사 손에 권세와 능력이 있사오니 모든 사람을 크게 하심과 강하게 하심이 주의 손에 있나이다."

∞ **큐티**  누가복음 16:1-13

∞ **독서 과제**  『시간 도둑』(스튜어트 브리스코, 디모데 역간)

∞ **생활 과제**  시간을 선용하는 데 방해되는 것을 찾아보고 그것을 바꾸기 위해 노력한 실례를 써 오기

∞ **성경 읽기**

---

하나님은 모든 것의 주인이시며 다스리는 분이시다. 부와 명예도 하나님의 것이고, 우리의 몸도, 우리에게 주어진 시간도 하나님의 것이다. 우리는 하나님의 것을 맡아서 관리하는 청지기에 불과하다. 그러므로 우리가 맡은 하나님의 것을 잘 관리하고 사용하여 하나님께 영광을 돌려드려야 한다. 청지기 정신으로 살면 주인이 맡겨주신 모든 것을 귀하게 사용할 수밖에 없다. 하나님은 우리가 선한 청지기가 되기를 원하신다.

# 헌금 1
## 헌금 드리는 자세와 유익

## 도입

하나님께 헌금을 드리는 성도는 반드시 보상을 받을 것이다. 하나님은 드리는 자의 외적인 양과 형식보다는 그 마음의 자세를 살피시고, 마음에서부터 드리는 헌금을 기쁘게 받으신다. 주인에게 상납하는 종은 의무로 바치기 때문에 즐거워하지 않지만, 만왕의 왕이시며 모든 재물의 공급자이신 하나님으로부터 받은 것을 드리는 사람은 즐거워할 수밖에 없다. 또한 하나님은 즐거운 마음으로 헌금하는 사람이 그가 낸 헌금보다 더 넘치도록 거두어들이도록 축복하실 것이다.

## 적용

**1** 헌금을 드리는 자는 어떤 자세로 드려야 하는가? 다음 성경말씀에서 살펴보자.

**1** 출애굽기 25:2

"이스라엘 자손에게 명령하여 내게 예물을 가져오라 하고 기쁜 마음으로 내는 자가 내게 바치는 모든 것을 너희는 받을지니라."

- 하나님은 예물을 드리는 자의 마음을 보고 받으신다.
- 하나님은 우리가 기쁜 마음으로 드리는 것을 좋아하신다.

### 2 고린도후서 9:6-7

"⁶이것이 곧 적게 심는 자는 적게 거두고 많이 심는 자는 많이 거둔다 하는 말이로다 ⁷각각 그 마음에 정한 대로 할 것이요 인색함으로나 억지로 하지 말지니 하나님은 즐겨 내는 자를 사랑하시느니라."

- "적게 심는 자는 적게 거두고 많이 심는 자는 많이 거둔다"라는 말씀은 헌금에 보상이 있음을 의미한다.
- 하나님은 사람이 정한 대로 내고 인색한 마음이나 억지로 하는 것을 원하지 않으신다.
- 인색함에 해당하는 헬라어는 '근심'이라는 뜻으로 사용하기도 하는데, 이는 헌금하는 사람이 헌금을 경제적 손실로 생각하기 때문이다. 또 그는 헌금에 대한 하나님의 보상이 있음을 모르고 있다.
- 하나님은 형식적으로 드리는 것을 원하지 않으시고 즐겨 내는 자를 사랑하신다.

▶ 예물을 드릴 때 어떤 자세로 드리는가?

---

## 2  잠언 3장 9-10절에서 얻을 수 있는 교훈을 살펴보라.

"⁹네 재물과 네 소산물의 처음 익은 열매로 여호와를 공경하라 ¹⁰그리하면 네 창고가 가득히 차고 네 포도즙 틀에 새 포도즙이 넘치리라."

### 1 재물에 대한 자세를 바로 하여 하나님에 대한 경외를 구체적으로 실천할 수 있다. 그렇다면 이 말씀에서 말하는 "처음 익은 열매"란 무엇을 의미할까?

- 가장 좋은 것을 의미한다.

**2** 하나님을 공경하는 것은 말로만 하는 것이 아니라 하나님이 주신 재물과 수확의 첫 열매를 드림으로 보여드리는 것이다. 나는 하나님을 진정으로 공경한다고 말할 수 있는가?

- 하나님을 입술로만 공경해서는 안 된다. 그분에 대한 행위로 드러나야 한다.

**3** 10절에서 하나님은 그분을 경외하는 자들을 어떻게 대하시는가?

- 하나님은 드린 자의 마음과 행위를 받으시고 행위에 합당하게 넘치도록 채워주신다.

## 3 마가복음 12장 41-44절에서 얻을 수 있는 교훈을 살펴보자.

"⁴¹예수께서 헌금함을 대하여 앉으사 무리가 어떻게 헌금함에 돈 넣는가를 보실새 여러 부자는 많이 넣는데 ⁴²한 가난한 과부는 와서 두 렙돈 곧 한 고드란트를 넣는지라 ⁴³예수께서 제자들을 불러다가 이르시되 내가 진실로 너희에게 이르노니 이 가난한 과부는 헌금함에 넣는 모든 사람보다 많이 넣었도다 ⁴⁴그들은 다 그 풍족한 중에서 넣었거니와 이 과부는 그 가난한 중에서 자기의 모든 소유 곧 생활비 전부를 넣었느니라 하시니라."

**1** 41절에서 느낀 점을 말해보라.

- 예수님이 헌금하는 자를 보셨다. 헌금을 내는 행위뿐 아니라 그의 마음까지 살피신 것이다.

▶ 헌금을 드리면서 내가 드리는 헌금을 주님이 세밀하게 보고 계신다는 생각을 해본 적이 있는가? 물질을 드릴 때 내가 고쳐야 할 태도는 무엇인가?

**2** 가난한 과부가 드린 두 렙돈은 로마 화폐로 노동자 하루 품삯인 한 데나리온의 1/128에 해당하는 작은 돈이다. 요즘 하루 품삯을 10만 원으로 계산하면 781원 정도에 불과하다. 그러나 주님은 과부가 헌금을 많이 했다고 칭찬하셨다. 그 이유는 무엇인가? 44절을 보고 답해보라.

- 하나님은 작은 금액의 헌금도 귀하게 보신다.
- 가진 것 가운데 어느 정도의 비율로 헌금하는지도 살펴보아야 한다.

- 부자는 일부만 바쳤지만 과부는 모든 소유인 생활비 전부를 드렸다. 그래서 하나님은 자신의 전부를 바친 과부에 대한 사랑을 표현하셨다.
- 모든 소유를 바친 것은 하나님이 공급자이심을 믿는 믿음이 없이는 불가능한 일이다.

> 사람들은 '나를 위해 사용할 돈은 있어도 하나님께 드릴 헌금은 없다'라고 생각한다.
> 마르틴 루터

## 4 빌립보서 4장 15-19절에는 빌립보 교인들이 감사하는 마음으로 물질을 모아 바울에게 보냈다는 내용이 나온다.

"¹⁵빌립보 사람들아 너희도 알거니와 복음의 시초에 내가 마게도냐를 떠날 때에 주고받는 내 일에 참여한 교회가 너희 외에 아무도 없었느니라 ¹⁶데살로니가에 있을 때에도 너희가 한 번뿐 아니라 두 번이나 나의 쓸 것을 보내었도다 ¹⁷내가 선물을 구함이 아니요 오직 너희에게 유익하도록 풍성한 열매를 구함이라 ¹⁸내게는 모든 것이 있고 또 풍부한지라 에바브로디도 편에 너희가 준 것을 받으므로 내가 풍족하니 이는 받으실 만한 향기로운 제물이요 하나님을 기쁘시게 한 것이라 ¹⁹나의 하나님이 그리스도 예수 안에서 영광 가운데 그 풍성한 대로 너희 모든 쓸 것을 채우시리라."

**1** 15-16절에서 빌립보 교인들은 사도 바울의 복음 전파를 위해 어떻게 물질로 섬겼는가?

- 15절을 보면 바울이 빌립보 사역을 마치고 마게도냐로 갈 때 바울의 사역을 돕기 위해 빌립보 교인들이 헌금을 보냈음을 알 수 있다.
- 데살로니가는 바울이 2차 전도 여행 시 3주간 머물러 교회를 세웠던 곳이다. 바울은 자신의 생활비 대부분을 직접 일을 하여 충당했으나 빌립보 교인들은 몇 차례나 바울에게 선교 헌금을 보냈다.

**2** 18-19절에서 헌금으로 섬긴 빌립보 성도들이 얻은 유익이 무엇이라고 나오는가?

- 빌립보 교인들이 드린 헌금은 영혼을 구원하는 일에 사용되는 것이기에 향기로운 제물이 되었다. 하나님이 선교 헌금을 기쁘게 받으심을 알 수 있다.

- "모든 쓸 것을 채우신다"는 것은 하나님이 성도들의 헌금을 귀하게 보시고 후히 갚으신다는 의미다.

▶ 정기적으로 선교 헌금을 내고 있는가? 헌금으로 선교에 동참할 때 어떤 자세로 하는가?

**5** 오늘 말씀에서 느낀 점과 결단한 점을 말하고 합심해서 기도하자.

### 삶에서 말씀 녹여내기

- **성구 암송**  고린도후서 9:7
  "각각 그 마음에 정한 대로 할 것이요 인색함으로나 억지로 하지 말지니 하나님은 즐겨 내는 자를 사랑하시느니라."
- **큐티**  역대상 29:7-13
- **독서 과제**  『헌금』(존 스토트, IVP 역간)
- **생활 과제**  하나님의 은혜에 대한 감사의 마음을 헌금으로 표현하기
- **성경 읽기**

하나님은 예물을 드리는 자의 마음을 보고 받으신다. 그분은 우리가 기쁜 마음으로 드리는 것을 좋아하시기 때문에 우리는 하나님께 가장 좋은 것을 드려야 한다. 적게 심는 자는 적게 거두고 많이 심는 자는 많이 거둔다는 말씀에서 알 수 있듯이 헌금에 보상이 있다는 것을 기억하라. 또한 하나님을 공경하는 것이 행위로 드러나야 한다. 하나님은 드리는 자의 마음과 행위를 받으시고 행위에 합당하게 넘치도록 채워주시기 때문이다. 우리의 상황을 아시고 쓸 것을 채워주시는 공급자 하나님이시기에 우리는 주저하는 마음으로 헌금을 낼 필요가 없다.

## 61과

# 헌금 2
## ___ 십일조

### 도입

십일조는 하나님이 천지 만물의 주인이심을 인정하는 제도로 오늘날에도 여전히 유효하다. 또한 십일조는 하나님의 은혜에 감사한다는 표시로, 하나님이 모든 소유의 주인이심을 인정해드리는 것이다. 하나님은 성도들이 십일조 생활을 하는 것을 통해 물질에 대해 적극적으로 간섭하신다. 그리고 믿음으로 십일조를 드리는 사람에게 후히 공급해주기를 바라신다. 따라서 성도들은 십일조를 습관적으로나 형식적으로 해서는 안 된다. 십일조는 단순히 물질의 문제가 아니라 신앙 전반에 영향을 끼치는 중요한 것이기 때문이다. 이 사실을 염두에 두고 말씀을 공부하도록 하자.

### 적용

**1** 다음 성경말씀에서 깨닫는 교훈을 말해보라.

**1** 빌립보서 4:19

"나의 하나님이 그리스도 예수 안에서 영광 가운데 그 풍성한 대로 너희 모든 쓸 것을 채우시리라."

- 하나님은 모든 것을 풍성하게 공급하는 공급자시다.

▶ 하나님이 우리에게 모든 쓸 것을 채워주셔야 할 이유가 무엇이라고 생각하는가?
요한복음 1장 12절을 보고 답해보라.

"영접하는 자 곧 그 이름을 믿는 자들에게는 하나님의 자녀가 되는 권세를 주셨으니."

- 우리는 예수님을 통해 하나님의 자녀가 되었다. 그래서 하나님은 아버지로서 공급자가 돼주신다.

▶ 지금 누리고 있는 물질적 축복이 하나님이 주신 거라고 믿는가?
그 사실을 항상 인식하고 사는가?

**2** 잠언 22:4

"겸손과 여호와를 경외함의 보상은 재물과 영광과 생명이니라."

- 하나님을 경외하는 사람의 특징은 겸손하게 항상 하나님을 모시고 사는 데서부터 시작된다.
- 하나님을 경외하는 사람은 놀라운 영적, 육적 축복을 받는다.
사람의 필요 중 가장 중요한 것이 바로 생명과 재물과 영예라고 할 수 있다.

## 2 창세기 28장 22절에서 얻을 수 있는 교훈을 살펴보자.

"내가 기둥으로 세운 이 돌이 하나님의 집이 될 것이요 하나님이 내게 주신 모든 것에서 십분의 일을 내가 반드시 하나님께 드리겠나이다 하였더라."

- 야곱은 벧엘에서 제단을 쌓고 십일조를 드리겠다고 약속했다.
- 야곱은 하나님이 주신 것의 십 분의 일을 드리므로 모든 물질의 공급자가 하나님이심을 고백했다.
- 십일조를 드린다는 것은 물질의 주인이 하나님이심을 고백하고 하나님 중심으로 살겠다는 의지를 보이는 것이다.

## 3 레위기 27장 30, 34절에서 깨달을 수 있는 교훈은 무엇인가?

"그리고 그 땅의 십분의 일 곧 그 땅의 곡식이나 나무의 열매는 그 십분의 일은 여호와의 것이니 여호와의 성물이라"(30절).

- 사실 땅에서 나는 소산물 전체가 하나님의 것이지만, 사람은 그중 십 분의 일을 드려 이 사실을 인정한다는 믿음을 보여야 한다.

"이것은 여호와께서 시내 산에서 이스라엘 자손을 위하여 모세에게 명령하신 계명이니라"(34절).

- 십일조는 하나님이 신적인 권위로 명령하신 것이다. 그러므로 십일조를 드리는 것은 우리가 반드시 해야 할 의무다.

> 십일조를 드려서 가난해졌다는 사람을 들은 적도 없고, 본 적도 없다.     J. C. 크레인

## 4 말라기 3장 8절을 읽고, 다음 질문에 답해보라.

"사람이 어찌 하나님의 것을 도둑질하겠느냐 그러나 너희는 나의 것을 도둑질하고도 말하기를 우리가 어떻게 주의 것을 도둑질하였나이까 하는도다 이는 곧 십일조와 봉헌물이라."

**1** 이 말씀에서 십일조와 봉헌물을 드리지 않은 것을 도둑질이라고 표현한 이유는 무엇일까?

- 마땅히 드려야 할 것을 드리지 않고 가로챈 것에 대한 표현이다.

**2** 말라기 3장 9-11절에 따르면 십일조를 도둑질한 결과는 무엇인가?

"⁹너희 곧 온 나라가 나의 것을 도둑질하였으므로 너희가 저주를 받았느니라 ¹⁰만군의 여호와가 이르노라 너희의 온전한 십일조를 창고에 들여 나의 집에 양식이 있게 하고 그것으로 나를 시험하여 내가 하늘 문을 열고 너희에게 복을 쌓을 곳이 없도록 붓지 아니하나 보라 ¹¹만군의 여호와가 이르노라 내가 너희를 위하여 메뚜기를 금하여 너희 토지 소산을 먹어 없애지 못하게 하며 너희 밭의 포도나무 열매가 기한 전에 떨어지지 않게 하리니."

- 11절을 보면 메뚜기 재난을 당하여 흉년이 왔었음을 알 수 있다.

**3** 10절에서 온전한 십일조를 드린 결과가 무엇이라고 하는가?

- 하늘 문을 열고 쌓을 공간이 없도록 복을 부어주신다고 했다.

**4** 사람은 하나님을 시험할 수 없다. 그러나 10절에서 하나님이 당신을 시험하라고 하신 이유는 무엇일까?

- 반드시 이루어질 약속이기에 확인하고 조사해보라는 의미로 말씀하신 것이다.

**5** 오늘 말씀에서 느낀 점과 결단한 점을 말하고 합심해서 기도하자.

---

삶 에 서 말 씀 녹 여 내 기

∞ 성구 암송    빌립보서 4:19
               "나의 하나님이 그리스도 예수 안에서 영광 가운데 그 풍성한 대로 너희 모든 쓸 것을 채우시리라."

∞ 큐티    누가복음 11:42

∞ 독서 과제    『가난과 부』(헤르만 몰데즈, IVP 역간), 『곤고한 삶을 채우는 작은 기름병 하나』(질 브리스코, 디모데 역간) 중 택일

∞ 생활 과제    십일조를 하나님께 드리고, 평생 십일조를 온전히 드리기를 결단하는 고백을 써 오기

∞ 성경 읽기

---

십일조를 드린다는 것은 물질의 주인이 하나님이심을 고백하는 것이다. 하나님이 십의 일을 바치라고 명령하신 이유는 모든 소득이 하나님의 것이지만 십분의 일을 드리므로 이 사실을 인정하라는 것이다. 십일조를 드리지 않는 것을 도적질이라고 표현할 만큼 하나님의 명령은 단호하다. 그것은 하나님이 우리에게 복을 주시기 위해서다. 마땅히 드려야 할 것을 잘 구별해서 드리면 풍성하게 공급하시는 하나님을 경험하게 된다.

## 62과

# 영적 전투와 승리

## 도입

예수님을 믿었다고 해서 모든 것이 다 된 것이 아니다. 사단은 성도들을 끊임없이 공격한다. 죄 속으로 들어오라고 끊임없이 미혹하고, 어떤 때는 사납게 달려들어 낙심시키기도 한다. 영적인 전투를 준비하지 않으면, 언제나 사단에게 패하는 패잔병 신세를 면할 수 없을 것이다. 그러므로 성도들은 항상 사단의 공격에 대비해야 한다. 끊임없이 말씀 앞에 자신을 쳐서 복종시키고 기도로 하나님과 교제해야 한다. 분명한 사실은 성도들은 영적인 전투에서 늘 승리할 수 있다는 것이다.

## 적용

**1** 다음 성경말씀에서 사단에 대해 살펴보자.

**1** 창세기 3:1

"그런데 뱀은 여호와 하나님이 지으신 들짐승 중에 가장 간교하니라 뱀이 여자에게 물어 이르되 하나님이 참으로 너희에게 동산 모든 나무의 열매를 먹지 말라 하시더냐."

- 마귀는 사람이 죄를 짓도록 거짓말로 유혹했다.
- 오늘도 계속해서 죄를 짓도록 유혹하고 있다.

### 2 고린도후서 11:14

"이것은 이상한 일이 아니니라 사탄도 자기를 광명의 천사로 가장하나니."

- 사단은 빛의 천사로 가장하여 우리에게 다가온다. 깨어 있지 않으면 사단에게 속아 넘어가기가 쉽다.

## 2 역대상 21장 1절에서 얻을 수 있는 교훈을 살펴보자.

"사탄이 일어나 이스라엘을 대적하고 다윗을 충동하여 이스라엘을 계수하게 하니라."

- 사탄이 이스라엘을 괴롭히기 위해 다윗의 마음에 이스라엘 백성의 수를 세어 보고 싶은 욕심을 주었다.
- 사탄은 마음을 충동질하여 죄를 짓게 한다.

▶ 마귀는 나의 어떤 부분을 충동질하여 죄를 짓게 하는가?

> 사탄은 작은 죄들을 통해 더 큰 죄로 우리를 이끈다. 그것은 마치 작은 막대기로 큰 막대기에 불을 옮기는 것과 같다. 또 작은 볏단이 큰 나뭇더미에 불을 붙이는 것과 같다.
>
> **토머스 맨튼**  영국 청교도 목사

## 3 마귀에게 속아서 죄를 짓지 않기 위해서는 어떻게 해야 할까?

### 1 야고보서 4:7

"그런즉 너희는 하나님께 복종할지어다 마귀를 대적하라 그리하면 너희를 피하리라."

**2** 베드로전서 5:9

"너희는 믿음을 굳건하게 하여 그를 대적하라 이는 세상에 있는 너희 형제들도 동일한 고난을 당하는 줄을 앎이라."
"마귀에게 지지 말고 믿음에 굳게 서 있기 바랍니다. 온 세상의 모든 성도들도 여러분과 같은 고난을 겪고 있습니다"(쉬운성경).

**4  예수님은 마귀를 어떻게 물리치셨는가? 마태복음 4장 1-4절을 살펴보자.**

"¹그때에 예수께서 성령에게 이끌리어 마귀에게 시험을 받으러 광야로 가사 ²사십 일을 밤낮으로 금식하신 후에 주리신지라 ³시험하는 자가 예수께 나아와서 이르되 네가 만일 하나님의 아들이어든 명하여 이 돌들로 떡덩이가 되게 하라 ⁴예수께서 대답하여 이르시되 기록되었으되 사람이 떡으로만 살 것이 아니요 하나님의 입으로부터 나오는 모든 말씀으로 살 것이라 하였느니라 하시니."

- 예수님은 말씀으로 마귀를 이기셨다.
- 말씀에 대한 확신으로 마귀를 이길 수 있다.

**5  고린도전서 15장 57절에서 얻을 수 있는 교훈은 무엇인가?**

"우리 주 예수 그리스도로 말미암아 우리에게 승리를 주시는 하나님께 감사하노니."
"그러나 우리 주 예수 그리스도를 통해 우리에게 승리를 주시는 하나님께 감사합니다"(쉬운성경).

- 우리의 대장이신 예수님은 마귀를 이긴 승리자이시다.
- 예수님을 믿고 말씀대로 행하면 반드시 이기게 되어 있다.

**6**  오늘 말씀에서 느낀 점과 결단한 점을 말하고 합심해서 기도하자.

삶 에 서  말 씀  녹 여 내 기

- ∞ **성구 암송**  야고보서 4:7
  "그런즉 너희는 하나님께 복종할지어다 마귀를 대적하라 그리하면 너희를 피하리라."
- ∞ **큐티**  마태복음 4:1-11
- ∞ **독서 과제**  『포도나무의 비밀』(데이비드 콥·브루스 윌킨슨, 디모데 역간)
- ∞ **생활 과제**  한 주간 마귀의 방해나 유혹을 이긴 사례 써 오기
- ∞ **성경 읽기**

마귀는 끊임없이 우리가 죄를 짓도록 거짓말로 유혹한다. 빛의 천사로 가장하여 속이기도 하고, 마음을 충동질하여 죄를 짓게 한다. 마귀를 이길 수 있는 길은 하나님의 말씀이다. 마귀를 이기고 승리하신 예수님을 믿고 말씀대로 행하면 반드시 이긴다. 말씀에 대한 확신과 기도로 믿음을 굳건히 하여 마귀를 이기는 승리자가 되라.